U0102184

中华五千年

任海泉 / 著

华艺出版社
HUA YI PUBLISHING HOUSE

　　任海泉，军事科学院原副院长，教授，中将。1950年10月出生于江苏省南通市，1968年3月参加中国人民解放军，1969年4月加入中国共产党，研究生学历。入伍后历任陆军第68军战士、班长、排长，团、师、军作训参谋，沈阳军区军训部参谋、办公室秘书、干训处处长，总参军训部参谋、局长、副部长，步兵师代理师长，国防大学信息作战与指挥训练教研部主任、教育长、副校长、中国特色社会主义理论体系研究中心领导小组组长，中国中共文献研究会副会长，军事科学院副院长，中国军事科学学会副会长，政协第十二届全国委员会委员、提案委员会委员，中国法学会副会长，解放军红叶诗社社长。发表军事、政治理论文章多篇、专著多部，所创战略战役指挥与训练课程被评为国家、军队精品课程。2012年6月率领中国代表团出席第十一届香格里拉对话暨亚洲安全会议，2014年1月出版组诗《世界五千年》，在国内外、军内外产生了广泛影响。

　　中华民族历史源远流长，典籍浩如烟海，事件浑似迷雾，人物灿若星河。怎样才能用较短的时间，对中国历史作一个宏观的了解？组诗《中华五千年》为您提供了这种可能。本书是作者继组诗《世界五千年》之后推出的又一部精品力作，采取律诗加短文的形式，通过 10 章 302 首精彩的五言律诗和精炼的说明短文，从开天辟地、人猿揖别，到五四运动、中华复兴，对中国社会发展的各个阶段作了全景式描写，把 5000 多年来中国历史的重大事件和主要人物交待得简明、准确、清晰。特别是作者在诗文中融入了自己的独到见解，给人以深刻的教育与启迪，是又一部适宜各类人群阅读的史诗类书籍。

目 录

第三章　春秋战国

第四章　秦汉时期

第五章 三国鼎立

第六章 两晋两朝

第七章　隋唐五代

第八章　宋元时期

第九章　明至前清

第十章　晚清民国

序·开天辟地

浑沌一团气，鸿蒙万籁宁。

眠酣盘古醒，力巨斧头擎。

辟地山河壮，开天日月明。

虽云神话远，仍引世人惊。

在中华民族的远古传说中，宇宙最初就像一个充满混沌之气的巨大鸡蛋，无光也无声。盘古在其中酣睡了约一万八千年后醒来，凭借着神力和巨斧，把天地开辟出来了，他自己也成了顶天立地的巨人。盘古死后，他身体的各个部位分别化成了太阳、月亮、星辰、山岳、河流和草木。这个故事虽然是一个神话，但它描述的情景与现代科学所揭示的宇宙大爆炸理论，有着惊人的相似之处。

上古年代

001. 人猿揖别

构巢驱暑寒，钻火去腥膻。

饲畜丰庖宰，锄禾实廪圈。

石敲成器用，骨砺变针穿。

太昊女娲说，人猿揖别圆。

中华民族的历史，可以追溯至一百七十万年前的元谋猿人、八十万年前的蓝田猿人、四五十万年前的周口店北京猿人和后来的山顶洞人。考古表明，猿人学会了构木为巢、钻木取火、饲养牲畜、种植庄稼、砸制石器、打磨骨针，生活水平和身体素质不断改善。劳动使猿变人的发现，圆了关于太昊伏羲与女娲兄妹交合繁衍人类、结绳成网教民渔猎以及有巢氏、燧人氏等史前先祖的美好传说。

002. 华夏始祖

华夏五千年，炎黄开首篇。

姜姬因水姓，部落傍流迁。

涿鹿蚩尤狠，阪泉初祖贤。

三方融一体，青史至今延。

　　距今四千多年以前，中国西北方以姬水为姓的黄帝部落、以姜水为姓的炎帝部落和东方九黎族的蚩尤部落都先后迁徙至桑干河下游地区。开始，蚩尤侵占了炎帝的地方，炎帝请求黄帝在涿鹿战胜了凶狠的蚩尤。后来，炎帝又和黄帝发生冲突，在阪泉被贤明的黄帝打败。炎帝部落、黄帝部落与蚩尤部落一部共同拥戴黄帝为首领，融合为华夏民族。从此，人们尊黄帝为华夏始祖，称自己为炎黄子孙。相传黄帝的元妃叫嫘祖，是她首创种桑养蚕，抽丝编绢，史称嫘祖始蚕。

003. 仓颉造字

先祖发明伟，仓颉造字奇。

话音原百异，语意更千歧。

刻木常存惑，结绳难解疑。

自从书范定，一写统华夷。

　　中华民族自古发明创造颇多，汉字就是其中的一朵奇葩。相传，汉字是黄帝的史官仓颉创制的。在此以前，人们靠结绳、刻木记事，可靠性较差。随着文明渐进，名物繁多，这些方法已经不能适应需要。仓颉通过观察世间万物的形状，结合前人传下的刻记符号，梳理创造出一种象形与表意相结合的文字。中国虽然民族众多，方言复杂，但能够长期维系统一，汉字的沟通凝聚作用功不可没。

004. 尧舜让位

唐尧年已老，盟首担谁挑？

虞舜贤超嗣，娥英惠胜娆。

举推凝众志，禅让架天桥。

后世皆如此，江山岂裂凋？

传说唐尧为黄帝的第四代孙，是上古时代的部落联盟首领。尧年老后，没有传位给儿子，而是四处寻访贤者。众人都推举虞舜，说他对迫害过自己的父亲、继母仍很孝顺。尧将女儿娥皇、女英嫁给舜，对他进行了种种考察，才放心地让位于舜。舜后来又让位于禹，成为千古美谈。可惜这种选贤任能、颇得人心的做法没有形成制度坚持下去，不然后世岂会因此而造成国家分裂、王朝衰败呢？

005. 大禹治水

黄河灾满地，百姓苦滔天。

鲧堵洪狂肆，禹疏波顺延。

舍妻抛子痛，劈隘拓渠坚。

功著承高位，称王不让权。

尧时，黄河发大水，百姓成鱼鳖。尧纳众荐，委鲧治水。鲧采取封堵之法，洪灾越治越严重。舜继位后，把鲧杀了，命其子禹治水。禹采取疏导之法，肆虐的洪水变得温顺起来。禹数过家门而不入，带领百姓劈隘拓渠，引洪入海，终于根绝水患，被尊称为大禹。舜老后让位于禹，禹却没有再坚持禅让制度，死后由其子启继位，建立了夏朝（前2029—前1559），中国从此进入奴隶社会。

夏商西周

006. 后羿射日

天升十日荼，羿射九阳除。

势盛夺王位，志迷丢首庐。

寒徒谋反狠，相子复仇初。

百载兴亡史，三康成败书。

传说夏朝建国前后，天上曾经齐升十日，荼毒生灵。有位叫后羿的神箭手连射九日，使大地得以复苏。夏启死后，其子太康继位，不管政事，专爱打猎，被后羿逐走，另立他的兄弟仲康当夏王。仲康死后，后羿干脆将其子相撵走，自己当了夏王，也四出打猎，把国事交给亲信寒浞。寒浞杀了后羿，夺了王位，还追杀了相。幸亏怀孕的相妻逃走，生了儿子少康，长大后夺回王位，实现中兴。

007. 商汤伐夏

夏桀施淫政，龙逢蒙枉愆。

商汤图起事，伊尹献罗筌。

葛伯亡公愤，鸣条赢众坚。

南巢流暴主，革命创新篇。

公元前16世纪，夏桀当政，荒淫残暴，民不聊生，还把劝谏的关龙逢杀了。商部落首领汤决心讨桀，在妻子的陪嫁奴隶中发现并重用了才华出众的伊尹，采纳了他的灭夏计策。商汤首先灭掉恩将仇报、引起公愤的葛伯，统一了多个部落。最后在鸣条之战中，统帅联军战胜了夏军，并流放夏桀于南巢，建立了商朝（前1559—前1046）。汉语"革命"一词最早就是用来描写商汤伐夏的。

008. 盘庚迁都

先帝迁都数，盘庚何又提？

黄河重泛滥，豪贵复凌欺。

故土难离却，新京易转移。

明君高远举，甲鼎世传奇。

商汤最早建都于亳，由于天灾人祸，此后三百多年商朝五次迁都。到第二十王盘庚时，黄河泛滥，国都奄"淹"，贵族趁机闹事。盘庚力排众议，再次迁都于殷，实现了商朝的复兴。三千多年后，人们在殷墟发掘出大量刻有甲骨文的龟甲、兽骨和青铜器，包括重达八百七十五公斤的司母戊大方鼎。人们对殷商时期的社会情况有了比较确凿的考证，中国最早有文字记载的历史也就从商朝开始。

009. 太公钓鱼

商纣奢无道，姬昌待反机。

太公先祖望，姜尚后贤祈。

斜笠银须密，直钩金鲤稀。

喜逢英主识，生死永相依。

    盘庚死后商朝又传了十一王，最后一王叫纣。商纣虽然很有军事才能，但生活奢靡，统治残暴，给百姓带来深重苦难。西部周部落日益兴盛，首领姬昌贤良能干，被纣听信谗言拘羑里而演《周易》，后被周人以厚礼赎出。姬昌立下反商大志，在渭水边找到用直钩钓鱼的姜尚并请他协助从事讨纣大业，实现了祖父太公生前的愿望。后来姬昌被追尊为周文王，姜尚被称为太公望或姜太公。

010. 武王伐纣

君暴开屠戒，臣忠遭斩欺。

武王承父业，天下举征旗。

立誓盟津壮，挥师牧野齐。

纣何多负少？奴隶倒戈移。

　　姬昌病逝，其子姬发继位，尊号武王。此时商纣越发荒淫残暴，大开杀戒，把苦劝他的王叔比干斩了，还将其心掏出来示众。武王在姜尚和众兄弟的帮助下，先后两次召集八百多个小国诸侯会师盟津，共商讨纣大计。公元前1046年的牧野之战，武王以少胜多战胜了纣王，建立了周朝（前1046—前256）。原来，商军中被强征的奴隶士兵不堪暴政压迫，临阵倒戈，人心向背决定了战争胜负。

011. 周公吐哺

姬旦周公号，美名千载扬。

初襄兄创业，继助侄承王。

哺吐礼贤甚，发持勤政彰。

高风堪世范，亮节耀成康。

　　姬旦是兄长武王的得力助手，因封地在周、爵位为公，又称周公旦或周公。周立两年武王病逝，周公承担起辅助十三岁的幼侄成王姬诵管理国家的重任。他不顾贵族造谣和成王疑忌，平定了纣王之子武庚与自己兄弟的叛乱，修建了东都，制定了周礼，到成王满二十岁时还政于王，促成了成康之治。"吐哺握发"是讲他就餐时把饭菜吐出来去见求见的人，沐浴时把湿发持在手里去办急办的事。

012. 国人暴动

穆颁刑虐法，厉占猎渔源。

巫恶封民口，夷凶造众冤。

国人掀暴动，苟主垮亡言。

著史编年启，共和行政元。

周王朝逐渐腐败，第五王穆王姬满颁布了包括刺额、割鼻、砍脚在内的五刑。第十王厉王姬胡竟听信荣夷之言，规定山林川泽皆为王者"专利"，禁止人民樵采渔猎，还纵容卫巫对不满之人封口"止谤"。住在都城的平民"国人"忍无可忍，举行暴动。厉王出走，卫武公共伯和被拥戴行天子事，朝政由大臣召公和周公共同主持了十三年，史称"共和行政"。司马迁著史，把公元前841年即共和元年，作为中国传统纪年的开始。

013. 骊山烽火

幽王馋美色，褒姒救家人。

冷面陪君醉，热心祈子宸。

重金赢逗笑，烽火引驰沦。

国破都亡债，岂能归妾身？

周朝第十二王幽王姬宫涅沉湎酒色，大臣褒珦劝谏不成反遭监禁。褒家将美女褒姒献给幽王，救出褒珦。幽王为博褒姒一笑不惜豪掷千金，以至把骊山烽火点着造成宗周镐京沦陷的假象，引来各路诸侯驰援。等到犬戎真的打过来，诸侯们却按兵不动，幽王被杀，褒姒也被掳走。出土竹简表明，公元前771年西周灭亡是由于幽王举兵讨申，申侯联络犬戎攻周所致，并无烽火戏诸侯的记载。

第三章

中华五千年

春秋战国

014. 春秋小霸

庄公承父业，国势日升强。

始挫自家弟，继羞周室王。

结盟成小霸，抚慰解疑章。

失误终遗患，人亡致政荒。

公元前770年，周幽王之子平王姬宜臼迁都成周洛邑，史称东周，前期为春秋。郑庄公寤生继承父业出任周平王的卿士，国势日盛，与周渐隙。庄公先后击败弟弟太叔段的叛乱和周桓王联军的攻击，使周天子威信扫地。前701年，郑庄公与齐卫宋等大国诸侯结盟，对周王室采取了抚慰政策，确立了"春秋小霸"的地位。但由于在用人和传位方面的失误，他死后郑国持续内乱，由盛转衰。

015. 囚车贤相

诸儿亡内乱，兄弟互争王。

管仲拈弓响，桓公中箭装。

先归君位继，后至狱囚当。

幸有叔牙荐，才流贤相芳。

公元前686年，齐国内乱，齐襄公诸儿先与妹妹、鲁国国君之妻文姜乱伦杀人，后违背"瓜熟而代"的诺言失信遭杀。管仲、鲍叔牙分别帮助襄公的两个弟弟公子纠和公子小白由避难地返国争夺君位。管仲拦路射杀小白，被其装死所骗。小白抢先回国继位，即齐桓公。公子纠被逼杀，管仲成为囚徒。在鲍叔牙力荐下，桓公把管仲从囚车里放出并重用，使之成为千古贤相，"任人唯贤"即源于此。

016. 曹刿论战

齐师征鲁至，曹刿助公谋。

国战民心最，军争士气尤。

势衰能转盛，力弱可亡优。

三鼓锋芒避，一赢兵法留。

　　齐桓公在同公子纠争夺君位的过程中与鲁国结了仇，即位的第二年即出兵伐鲁。曹刿求见鲁庄公，把公道人心作为可以一战的依据。在长勺之战中，曹刿协助庄公三鼓而击，旗靡而逐，以弱胜强。战后庄公问他为什么这样做，曹刿阐明了"夫战，勇气也。一鼓作气，再而衰，三而竭"的道理，后人将其概括为"避其锋芒，击其惰归"。曹刿论战被写入《左传》，成为文学和史学名著。

017. 尊王攘夷

桓公称霸切，管仲献方奇。

尊奉成周主，攘除侵境夷。

抑兼天道仰，禁篡礼规仪。

九合诸侯顺，一匡华夏齐。

"春秋无义战"，周天子权威尽失，各国篡权政变和兼并战争不断，夷狄趁机侵犯边境，礼崩乐坏，天下大乱。齐桓公欲争夺霸权而威望不足，遂听从管仲"尊王攘夷"的建议，尊周室，攘夷狄，禁篡弑，抑兼并。先后出兵帮助燕邢卫解除戎狄侵扰，逼服楚国，帮助周襄王即位。通过九次大的会盟特别是公元前651年的葵丘会盟，确立了挟天子以令诸侯的霸主地位，维护了华夏文明的存续。

018. 宋襄仁义

春秋五霸瞽，首数宋襄公。

疏备人遭逮，失机军被冲。

力微难号主，谋浅莫称雄。

仁义成愚蠢，必然亡战终。

　　司马迁把齐桓公、宋襄公、晋文公、秦穆公、楚庄王称为"春秋五霸"，其实他们做了不少糊涂事。齐桓公贤明一生，晚年却没有采纳管仲建议，错用小人，最终在内乱中饿死。而宋襄公兹甫更是窝囊，他自恃扶持齐孝公即位有功，不顾国小力弱与楚国争霸，公元前639年在盂地会盟中疏于防备被楚成王抓走，第二年又在泓水之战中大讲"仁义"，不肯乘敌半渡、未阵而击之，结果兵败身亡。

019. 重耳出亡

重耳出亡久，艰难玉汝成。

遍尝颠沛苦，更受辱羞烹。

数寄丰经验，多灾得慧诚。

游龙归故海，敢与普天争。

重耳是晋献公的儿子，由于晋国内乱出亡十九年，先后寄居狄卫齐曹宋楚秦等国，受尽颠沛流离之苦、追杀灭绝之险、抛妻别子之痛、嘲弄讥讽之辱，也取得了丰富的政治经验，获得了狐偃、赵衰等长期追随自己、忠诚能干的治国理政人才，为日后振兴晋国、成就霸业奠定了基础。公元前636年，秦国的护送大军过了黄河，流亡了十九年的重耳回国即位，这就是后来称霸天下的晋文公。

020. 退避三舍

文公勤治晋，欲掌会盟权。

始护周王座，终悬楚主鞭。

两君擒转放，三舍退成前。

都赞诺言守，焉知兵法先？

晋文公整顿内政，发展生产，把晋国治理得逐渐强盛起来。他也想像齐桓公那样会盟称霸。此时，正好周王室内乱，文公奉令发兵，平息周王弟太叔带联合狄人的叛乱，护送周襄王回京。公元前632年，又应邀率军抗楚援宋，先俘虏了归附楚国的曹卫两国国君，使之与楚断交后再释放；后又在城濮之战中信守寄居楚国时许下的"退避三舍"的诺言，通过诱敌深入打败强大的楚军，当上了中原霸主。

021. 智退秦军

弱郑骑墙变，强秦仗义惩。

烛翁陈后果，弦贾示潜能。

理透明君怯，虚张骁将曹。

忠诚加智慧，胜抵万军增。

　　晋胜楚败，弱小的郑国明与晋盟，暗与楚结，势力日强的秦国应晋之邀伐郑。郑国派七旬老人烛之武去劝说秦穆公任好，讲透秦远晋近郑亡晋利之理。穆公下令退兵，还派兵助郑防晋。而郑国却又暗地里投靠晋国，引起秦忿。晋文公死后，秦穆公决定以奇兵袭郑。公元前627年，率军伐郑的孟明视等秦将受到扮为郑国使者的贩牛商人弦高的犒劳，以为机密泄露，再次退兵，驻郑秦军也被逼回国。

022. 崤山大战

秦军停战返，晋旅隐崤诛。

三将同临难，一言皆释俘。

穆公容负阵，明视毁归舻。

大胜安忠骨，凯旋呈霸图。

　　袭郑秦军退至崤山，遭到晋军据险伏击，全军覆没，孟明视等三将被俘。在原为秦人的母亲劝说下，晋襄公放了他们。三将回国后，秦穆公不仅没有问罪，还委以重任，在三战三负的情况下，仍然信任支持他们。公元前624年，孟明视率领秦军渡过黄河，烧毁船只，连夺数城，大胜晋军，穆公亲率大军到崤山安葬阵亡将士尸骨。西戎各国闻讯，争先恐后向秦进贡，秦国从此成为西戎霸主。

023. 一鸣惊人

庄王新继位，盟友又离崩。

国事无心问，贤臣有意誉。

三年缄口鸟，一叫震天鹏。

从此雄风起，中原楚气弘。

　　秦胜晋后，两国多年未发生战事。而楚国却日益强
大，楚晋矛盾加剧。楚庄王熊旅即位，晋君趁机把归附
楚国的几个盟国拉了过去，大臣们力谏出兵伐晋。无奈
庄王三年不问国事，大臣伍举装傻问他，楚山上有什么
鸟三年不飞也不叫？庄王说，这不是普通的鸟，它三年
不飞，一飞冲天；三年不鸣，一鸣惊人。从此庄王发奋
图强，等待时机，于公元前597年攻郑打晋，大获全胜，
成为中原霸主。

024. 骑牛出关

银须老子秧，聪颖少年郎。

博士拜师教，周都吏守藏。

仲尼询理广，函谷著书详。

一日骑牛去，千秋学问扬。

　　老子是楚国人，约生活于公元前571年至前471年之间。传说少女理氏因食李怀孕，生下一白发银须婴儿，被称为"老子"，姓李名耳。老子自幼聪颖好学，曾赴周都拜博士为师，入守藏室为吏，修得渊博学识，孔子曾先后两次问礼求教于他。后因周朝内乱，骑青牛西走，在函谷关应关令尹喜之邀，作《老子》即《道德经》。老子与后世的庄子并称老庄，是道家学派的代表人物。《老子》与《周易》、《论语》一起，被誉为两千多年来对中国人影响最深远的三部思想巨著。

025. 一夜白头

平王燃乱火，伍子父兄休。

宋郑青旗遣，昭关白首忧。

辅吴成霸业，攻楚报家仇。

恨作鞭尸举，终招秦旅谋。

　　楚庄王之孙楚平王熊居先夺太子妻，后废太子位，还杀害太子老师伍奢及其子伍尚。伍奢另一子伍子胥协助太子建流亡宋郑两国，请求帮助未果。太子建被杀，伍子胥携其子公子胜投奔吴国，为了混过楚吴交界的昭关而一夜愁白了头发。公元前506年，伍子胥和由他推荐的孙武辅佐吴王阖闾攻入楚都，成就霸业。但他鞭尸平王之举和吴军毁楚之恶引起楚人强烈反抗，在秦军干涉下败退返吴。

026. 穹窿研战

陈完先祖后，尚武世家郎。

齐地争权乱，穹窿研战忙。

吴王求将切，楚越振威长。

兵胜飘然去，书成天下扬。

　　孙武的先祖陈完系陈国公子，逃难到齐为桓公称霸立下大功，受赐田改姓田氏，祖父田书又因功受景公赐姓孙氏。孙武在这样的尚武世家长大成人，为避齐国权争之乱隐居姑苏穹窿山研战，得兵法十三篇，被吴王阖闾任命为将。他率军西破强楚、北威齐晋、南服越人，最后飘然高隐，根据自己训练军队、指挥作战的经验修订完善兵法。《孙子兵法》被誉为"兵学圣典"，为天下兵家世代捧读。

027. 圣人孔子

至圣先师号，商汤胄裔伢。

诞于浑乱世，长在困贫家。

兴教崇仁苦，周游尚礼差。

生前悲故地，逝后耀中华。

　　孔子是鲁国人，名丘字仲尼，被尊为"至圣先师"，与后世的孟子并称孔孟，是儒家学派的代表人物。他系商汤后裔，生于春秋乱世，长在贫困人家，三岁丧父，历尽艰辛。他才华出众，却由于力倡用"仁"、"礼"教化民众、治理国家，不为当时的统治者接受，连贤相晏婴也阻他事齐，后虽治鲁有功而无奈出走，周游列国而终不得志。他一生兴教，培养了大批人才，晚年还整理出《诗经》、《尚书》、《春秋》等重要典籍。公元前479年，孔子在鲁国悲怆离世，其弟子将他的主要言行编成《论语》，成为对中国乃至整个儒家文化圈影响最大的思想巨著。

028.卧薪尝胆

夫差报父仇，勾践败遭囚。

牵马陪王笑，居陵应鬼羞。

卧薪尝胆苦，备战起兵赳。

廿载涕磨剑，一朝锋断喉。

公元前496年，吴王阖闾趁越王勾践即位，统兵征越，重伤身亡。其子夫差立誓为父报仇，继位两年后亲率大军伐越，大败越军。为避亡国，勾践奉夫差之命，带着夫人和范蠡到吴国给夫差牵马喂驹，住在阖闾墓边与死人为伴。后来夫差认为勾践真心归顺，放其回国。勾践返越后卧薪尝胆，十年生聚，十年教训，于前475年大举伐吴，夫差在被围两年后兵败自杀。越国灭吴，称霸中原。

029. 一剑两臣

一口诛心剑，两名忠烈臣。

夫差迷色诱，勾践惧权沦。

文种丧疏避，子胥亡坦陈。

范孙归隐早，免做试锋人。

在吴越争霸中，有一口宝剑杀死了双方的两名重臣。吴王夫差当上霸主，骄傲起来。越王勾践把美女西施献给夫差，专事挑拨其与伍子胥的关系。而伍子胥依然据理直谏，夫差送去一口宝剑逼他自杀了，吴也随之亡国。越国胜利后，勾践的疑心病也犯了，不知见好就收的功臣文种也收到了越王送来的夫差那口宝剑，只好自杀了。而孙武和范蠡急流勇退，躲过了鸟尽弓藏、兔死狗烹的劫难。

030. 墨子止战

战国风烟起，楚王攻宋迷。

鲁班挥匠斧，墨子破云梯。

辩论出招广，演推持械齐。

只身停戮掠，千古美名题。

公元前476年，东周进入战国时期。前441年，楚惠王想恢复霸权，一心要去攻打宋国。他重用当时最有本领的工匠鲁班，设计攻城的云梯，引起列国担心。主张兼爱与非攻的墨子奔走十天十夜从鲁国来到楚都，苦劝惠王放弃攻宋。惠王让鲁班与墨子辩论演示攻防之法，鲁班用云梯攻，墨子用火箭守，所有招法都试过了。惠王感到战无胜算，遂停止攻宋准备，一场战争就这样被墨子阻止了。

031. 三家分晋

三家分盛晋，百国裂衰周。

智迫归公举，赵持存土求。

魏韩戈倒向，河坝水更流。

从此烽烟滚，争雄相互谋。

公元前403年，赵魏韩像百国裂周那样三家分晋。原来，曾经称霸中原的晋国实权落到四大家族手上，势力最强的智家想侵占其他三家利益，逼迫每家都拿出土地"归公"，赵家以土地世传为由予以拒绝。智家联合魏韩两家出兵攻赵，筑坝拦水以淹被围赵军于晋阳。最终，赵家促使魏韩两家倒戈，将水流引向智军。智家被灭，晋国被划分成赵魏韩三大国，与齐楚秦燕四大国并称"战国七雄"。

032. 邹忌劝谏

邹忌胜徐公，自知难苟同。

妻夸本缘爱，客誉不由衷。

劝谏王心动，酬言国事通。

诸侯皆拜贺，新政展雄风。

　　陈完后代田氏代齐后，首位称王的齐君田因齐于公元前356年继位，即齐威王。平民邹忌游说威王，被任为相。他从妻因偏爱自己、妾因害怕自己、客因有求自己，都说自己比城北徐公美中，悟出自己受到蒙蔽，而国君受到的蒙蔽更甚，建议威王广开言路。王纳其言，奖励进谏，起初谏者门庭若市，一年后门可罗雀，因为人们已没有什么可说的了。从此齐国渐强，不战而威，诸侯都来朝贺。

033. 商鞅变法

商君原卫鞅，革故大名扬。

助魏无知遇，兴秦有主张。

建言王喜纳，立木众争当。

变法促繁盛，奖功催悍强。

商鞅是战国时代改革家，法家代表人物，因系卫君后裔，获封商邑，故又称卫鞅，号商君。他年轻时喜欢刑名法术之学，后吏于魏国，不受重用。又转投秦国，提出富国强军之策，做出南门立木之举，取得孝公赏识和民众信任。于公元前356年和前350年，先后两次推行废井田、重农桑、奖军功、统一度量衡、建立郡县制等变法求新主张，收复河西失地，将秦国改造成当时最富强的封建国家。

034. 智斗庞涓

孙庞承谷脉，赴魏助王持。

涓忌安圈套，膑诚遭断肢。

逃齐赢赛马，救赵胜围师。

更设迷人灶，马陵煎妒痴。

　　孙膑和庞涓都是鬼谷子的学生。庞涓被魏惠王封为将军，他认为自己的才能比不上孙膑，就让人把孙膑从齐国请来，但又在惠王面前诬陷孙膑私通齐国，使孙膑遭到断足割膝黥面之刑。后来，孙膑在齐国使者帮助下逃回祖国，通过出谋为田忌赛马取胜而获得齐威王的接见和任用。公元前354年，孙膑用围魏救赵之法大败庞涓。前341年，又用减灶诱敌之法将庞涓引至马陵伏击，逼其自杀。

035. 合纵连横

一秦边地起，六国内心慌。

合纵抗强扩，连横拆弱防。

利云撩尔欲，谎雾诱他茫。

政客思官切，君王为土狂。

　　秦国经过变法越来越强大，引起六国恐慌。有些政客帮助六国出主意，要他们结成联盟"合纵"抗秦。还有些政客帮助秦国游说六国，要他们向秦靠拢"连横"自保。这些政客凭着雄辩的口才，用虚利和谎言来引诱别国上当，目的是获取高官厚禄。各国君王为了掠土或保土，也不惜代价地利用他们。相比之下，张仪自公元前318年起推行的"连横"策略更为成功，为秦各个击破六国创造了条件。

036. 胡服骑射

灵王初继位，国势日衰微。

安弱必湮灭，图强方耀辉。

胡装轻若舞，骑射快如飞。

首战中山败，三征北地归。

　　赵武灵王即位时，赵国日趋衰落，眼看着就要被别国兼并。为了富国强兵，他力排众议，于公元前302年提出着胡服、习骑射的改革主张。在他的亲自教习下，国民的生产能力和军事能力大大提高，打败经常侵扰边境的中山国，夺取林胡、楼烦之地，向北方开辟了上千里疆域。从此，窄袖短袄、轻便灵活的胡服成为中国军队的正规着装，也成为民间服饰变化的总体倾向，促进了民族融合。

037. 鸡鸣狗盗

田文遗弃子，别号孟尝君。

食客几无数，奇人一大群。

鸡鸣关吏傻，狗盗宠妃欣。

更有兔三窟，阴霾化妙云。

　　齐人田文幼时因生日不吉利而遭遗弃，是母亲暗中将他养大，使之继承了父亲的薛公之位，号孟尝君。他收养了很多门客，这些人不乏一技之长。秦昭王邀他任相，见面后却将他扣留起来。一个门客装狗钻入秦库，偷出银狐皮裘献给秦王宠妃说情放了他。他连夜逃至边关，另一个门客装鸡叫骗开城门。虽属鸡鸣狗盗，倒也人尽其才。后来他当了齐相，听从门客冯谖狡兔三窟的建议，免除穷人欠债，修好周边国家。当他被齐湣王解职时，这些都成了助他避难的先见之举。

038. 昭王求贤

昭王求荐贤，郭隗启彰虔。

骏骨千金购，良驹万里牵。

英才归睿主，乐毅效明燕。

出战赢多阵，亡齐差两鞭。

齐国以平乱为名伐燕，差点把燕国灭掉。燕国军民拥立太子平为君，把齐军赶走。新君就是燕昭王，即位后思贤如渴。老臣郭隗给他讲了古代国君欲得千里马，侍臣千金买回马骨也不责怪，很多人闻讯喜献良马的故事。昭王依谏建华屋赠他，引来很多人才。最出色的是赵国人乐毅，于公元前284年被昭王拜为上将军，统帅五国联军征齐，仅半年即攻占除莒城、即墨两地以外的全部齐国城市。

039. 火牛上阵

即墨大夫亡，田单扛巨梁。

五年坚守苦，一日反攻强。

谣矢伤人狠，火牛冲阵狂。

燕军潮退去，齐地复苏昂。

　　即墨大夫战死，大家公推齐王的远亲田单做将军。田单跟士兵同甘共苦，还把族人和亲属都编在队伍里守城。即墨军民都钦佩他，士气旺盛起来，使燕军围攻五年未克。公元前279年，燕昭王逝世，燕惠王即位。田单认为时机已到，一面派人造谣使惠王撤换了乐毅，一面用上千头火牛冲击燕军，燕将骑劫战死。齐军乘胜反攻，收复了被占领的七十多座城市，齐国从几乎亡国的境地中恢复过来。

040. 屈原投江

汨罗江水深，屈子抱忧沉。

忠谏遭冤放，愚行致祸侵。

楚辞骚体创，香草美人吟。

端午粽舟祭，普天将酒斟。

公元前278年，秦将白起攻破楚国都城郢都，伟大的爱国诗人屈原闻讯在汨罗江怀石自尽。屈原系楚武王熊通之子屈瑕的后代，曾任楚国左徒。他力主对内举贤明法，对外联齐抗秦，却遭到两度流放。楚怀王、楚襄王均不听他的劝谏，一个赴秦被扣客死他乡，一个轻敌挨打国破都丧。屈原开创的楚辞骚体诗歌、吟颂的香草美人思想，对中国文学和民族精神影响深远。他的忌日五月初五成为中华民族的传统节日端午节，每年人们都在这一天用吃粽子、赛龙舟的方式纪念他。

041. 完璧归赵

秦谋和氏玉，赵问蔺相如。

避曲君交宝，排危臣护舆。

进呈临毁诺，索握示崩除。

完璧归原主，英名载史书。

　　赵惠文王得到楚国失踪多年的稀世宝玉和氏璧，秦昭
王提出愿以15座城池相换。赵王左右为难，经宦官缪贤推
荐问计其舍人蔺相如。蔺相如提出避免"曲在赵"、争取
"曲在秦"的主张，请命护璧使秦。秦王得宝后并无换城
之意，蔺相如机智地索回玉璧，表达了与璧俱毁的决心。
他派人携璧潜归赵国，自己也安然返回。完璧归赵的故事
从此永载史册，还作为成语比喻把原物完好地归还主人。

042. 负荆请罪

蔺卿交绩巨，廉将战功高。

居傲颇宣愤，持谦如遇骚。

尔超强主剑？吾惧裂朝刀。

请罪负荆去，臣和国势滔。

公元前279年，蔺相如以请秦王击缶回应其逼赵王弹瑟，在渑池之会上取得重大外交成绩，被拜为上卿。屡建战功的大将廉颇很不服气，常在背后泄愤。相如不与其计较，一次遇到廉颇车马主动退至小巷避让。部下责其胆小，相如反问廉颇与秦王谁势力大？我为了国家利益，过去敢于当面责备秦王，现在甘于向廉颇让步。廉颇闻讯，十分惭愧，到相如家负荆请罪。臣和国强，秦一时不敢犯赵。

043.远交近攻

范雎蒙辱重，弃魏佐秦红。

得寸能赢尺，远交方近攻。

一言藏妙策，六国起亡风。

虽属图天法，因循照样空。

　　范雎是魏国大夫须贾的门客，因遭主人诬告而受到相国魏齐的严刑拷打。几乎断气的他改名逃到秦国，面谏秦昭王同远方国家结盟，与近处国家为敌，既防邻国肘腋之变，又使敌国两面受敌，这样就可以得寸进尺，统一天下。范雎因此深受信任，被拜为丞相，辅佐秦王实施远交近攻战略，从此六国亡风越刮越烈。但后人也有生搬硬套此策失败的，如北宋交金攻辽被金灭，南宋交元攻金遭元亡。

044. 纸上谈兵

韩师予上党，赵主受危城。

老幄遭谣撤，新帷迎捧撑。

谈兵千纸秀，领战万军坑。

狂将当招恨，慢君尤可抨。

公元前262年，因守城韩军不愿奉旨降秦，赵孝成王应邀接受了上党。过了两年，秦昭王派王龁夺占了上党，乘胜攻击前来救援的廉颇。廉颇坚守待机，王龁久攻不克。范雎派人到赵国散布廉颇将降、秦惧赵括的流言。赵王听后不顾蔺相如和赵括母亲劝阻，派只会纸上谈兵的赵括替换了廉颇。秦王悄悄派白起作统帅，引诱年轻气盛的赵括进攻，将四十万赵军困降坑杀于长平，赵国元气大伤。

045. 毛遂自荐

平原君欲使，毛遂荐相随。

器锐何藏刺？囊迟岂露锥。

登阶陈利害，歃血定安危。

赵楚终携手，抗秦功铸碑。

公元前257年，秦军攻打赵都邯郸，赵孝成王派叔叔平原君赵胜赴楚求救。平原君想带一批文武全才的人去，门客毛遂自荐随行。平原君问：贤士若锥处囊中，早该露尖，你来了三年我怎么不知道啊？毛遂答：我今天才把锥子放进你囊中，不然早就把整个锋芒都露了。到楚国后，平原君与楚王谈判，自晨至午不决。毛遂按剑上阶，直陈利害，终使楚王歃血定盟。赵楚联合抗秦，毛遂声名远扬。

046. 窃符救赵

魏主下停令，信陵询友嬴。

窃符姬侍寝，救赵亥同行。

心豫头颅碎，志坚征鼓鸣。

强秦遭溃败，贤士胜精兵。

在楚国派兵救赵之时，魏安厘王也应邀派大将晋鄙率兵救赵，但经不住秦昭王威胁，命令魏军半路停下。平原君向妻弟也是魏王弟的信陵君魏无忌求援。信陵君向至交好友侯嬴请教，通过曾受其恩的魏王宠妃如姬盗得调兵虎符，带猛士朱亥赶到邺城，在晋鄙犹豫不决之际将其锤杀，强行夺权，以八万精兵一举击溃秦军，解了邯郸之围。信陵君平时礼贤下士，关键时刻得能人相助，克敌制胜。

047. 谏逐客书

孝庄先后去，嬴政继秦王。

首裂嫪侯体，尤清吕相房。

李斯书劝谏，睿主策图强。

从此人才济，唯非遭妒殃。

　　秦昭王死后，其子秦孝文王、孙秦庄襄王即位不久也先后去世。公元前247年，年仅十三岁的太子嬴政继位，但实权掌握在丞相吕不韦手中。秦王政亲政后，将策动叛乱的长信侯嫪毐车裂，罢免了吕不韦的相职，对其非秦人门客下达了逐客令。楚国来的客卿李斯写了《谏逐客书》，秦王阅后遂停止逐客，还重用了他和魏国来的尉缭等人才。但李斯却出于妒忌，将韩国来的同窗奇才韩非陷害致死。

048. 荆轲刺秦

燕丹忧救国，跪地拜荆轲。

计险谋秦主，图穷刺命窝。

秋风哀壮举，易水唱悲歌。

天不成人美，英雄奈若何？

秦王政加紧兼并列国，燕太子丹为了拯救危在旦夕的祖国，结交了义士荆轲。公元前227年，荆轲携秦通缉亡将樊於期自刎的首级和准备献秦的燕督亢地图，前往咸阳刺杀秦王。太子丹率众人在易水边为他送行，场面十分悲壮。"风萧萧兮易水寒，壮士一去兮不复还"，荆轲歌毕决绝而去。秦王在宫中召见燕使，图穷匕首见，荆轲刺秦王不中反被杀死。燕国闻讯，上下笼罩在一片愁云惨雾之中。

049. 秦灭六国

强秦生拓主，乱世露终倪。

金买权臣耻，军攻孤垒凄。

先吞韩赵魏，后灭楚燕齐。

十载平天下，雄鸡报晓啼。

　　战国末年，在秦王政领导下，秦国对列国一方面用金钱买通权臣以乱其谋，一方面用军队各个击破以亡其国。从公元前230年到前221年，用十年时间，相继吞灭韩国、赵国、魏国、楚国、燕国、齐国等六个大国，结束了春秋以来长达五百余年的诸侯割据纷争的战乱局面，建立起中国有史以来第一个大一统的君主制王朝——秦朝（前221—前207），中国历史从此翻开了崭新的一页。

中华五千年

第四章

秦汉时期

050. 大秦始皇

功著称秦帝，朝昌号始皇。

八方分郡县，万里筑城墙。

度量衡同准，书车行共匡。

焚坑非大道，千古唱梁姜。

　　秦王政统一了中国，觉得自己的功绩比古代的三皇五帝还要大，就采用了"皇帝"的尊号。又因是历史上第一个皇帝，就自称"始皇"。他创立了中央集权制度，废除分封，设立郡县。修筑万里长城，北击匈奴，南征百越，实现了边疆的安宁。统一度量衡，规定书同文、车同轨、行同伦。为了禁锢思想，不惜焚书坑儒。孟姜女为寻亡夫万杞梁哭倒长城八百里的传说，是对他苛政峻法的血泪控诉。

051. 博浪铁椎

帝业初安定，强权压四方。

铜戈熔巨像，豪富徙咸阳。

封禅祭天地，摩崖告上苍。

哪知民怨沸，博浪铁椎昂。

　　秦始皇统一中国后，生怕六国旧贵族造反，就依仗强权实行铁腕统治。他下令把天下的兵器收集起来，熔铸成十二个巨大的铜像，还把十二万户豪富迁徙到咸阳。他四处巡视，去泰山封禅，把颂扬他的话刻在山石上，却疏于抚平民间怨恨。公元前218年，其车队在博浪沙遭到韩国贵族后裔张良携大力士的行刺，一把一百二十斤重的铁椎把主车后面的副车打得粉碎，预示反抗的火种已经点燃。

052. 沙丘阴谋

沙丘皇病重，遗嘱委扶苏。

孰料归天骤，疏留矫诏荼。

赵高尤恶鬼，胡亥亦屠夫。

二世亡秦罪，李斯当早诛。

公元前210年夏，秦始皇巡视途中病倒于沙丘。临终前，他以玺书召令因反对焚书坑儒而被外放戍边的长子扶苏，速至咸阳主持丧事并承帝位。随行的宦官赵高和少子胡亥篡改遗诏，立胡亥为太子即帝位，同时另书赐扶苏和大将蒙恬死。丞相李斯本有责任和能力维护始皇遗嘱，却因私心也参与了矫诏阴谋。后来赵高、胡亥改变始皇律令，对皇族和臣民大开杀戒。秦朝二世而亡，李斯罪责难逃。

053. 大泽起义

陵成伏葬墓，殿起泪流河。

男子苦徭役，女儿愁重苛。

渔阳催队紧，大泽滞人多。

陈胜联吴广，临危唱反歌。

秦二世胡亥和赵高滥施暴政，继续建造豪华巨殿阿房宫，大规模修筑秦始皇陵，还把造坟工匠全都活埋在墓道里。全国成年男子几乎都被强征去服徭役，剩下妇女在家耕织以上交繁重的捐税。公元前209年秋，朝廷征发九百余名闾左贫民屯戍渔阳，途中在大泽乡为大雨所阻。面临逾期到达将被处死的绝境，陈胜、吴广率领戍卒揭竿而起，杀死押解的军官，建立了中国历史上第一支农民起义军。

054. 指鹿为马

赵宦当丞相，挟君谋篡权。

欲膨天地倒，心惧是非颠。

指鹿为良马，陷忠殇屈渊。

础空秦覆灭，祸首可烹煎。

　　农民起义风起云涌，李斯等却因劝说停建阿房宫被捕入狱。公元前208年夏，在赵高严刑逼供下，李斯承认谋反，被腰斩并夷三族。赵高当了丞相，挟天子而令众臣。他想当皇帝，又怕大臣不服，就让人牵来一鹿，说是献给皇上的好马。面对秦二世怀疑，他让群臣辨认。大臣有些害怕报复，沉默不语；有些趁机献媚，说是宝马。对不顺从他的大臣，则陷害致死。础空殿覆，赵高被责为亡秦首祸。

055. 项梁起兵

风暴卷华夏，吴陈先后殇。

会稽叔侄反，丰沛弟兄帮。

合力争天下，举旗宣主张。

熊心承祖业，复楚号怀王。

当年楚怀王入秦被扣至死，屈原因秦破楚都而投江，楚人都很恨秦国，所以有"楚虽三户，亡秦必楚"之说。大泽乡起义，打的是"张楚"旗号，但遭到秦军残酷镇压和六国旧贵族挤压，吴广、陈胜先后被杀。楚国亡将项燕的儿子项梁和孙子项羽叔侄在会稽起兵，布衣小吏刘邦在丰沛二县起事并投靠项梁。公元前208年夏，他们把楚怀王的孙子熊心找来，仍立为楚怀王，打起反秦复楚的旗号。

056. 巨鹿大战

项梁骄败毙，秦旅占邯郸。

巨鹿围城紧，棘原谋策宽。

主官耽救赵，副将怒翻盘。

破釜沉舟战，大赢登帅坛。

项梁打了几个胜仗后骄傲轻敌，兵败身亡。秦将章邯乘胜占领了赵都邯郸，派王离将赵王歇包围于巨鹿，自己坐镇棘原指挥。项羽请缨进攻秦都，楚怀王却派刘邦去攻咸阳，让项羽协助宋义领兵救赵。宋义惧秦，到了安阳按兵不动，楚军粮秣将尽。公元前207年冬，项羽杀宋义，夺兵权，破釜沉舟，活捉王离，章邯求赵高增援不成降楚。巨鹿大战的胜利，使项羽实际成为天下反秦军队的统帅。

057.约法三章

刘邦攻要塞，二世丧魔王。

灞上降君疚，阿房占者茫。

张良陈苦药，樊哙举宏纲。

约法三章立，美名天下扬。

公元前206年，刘邦率军攻破武关要塞。赵高自知秦厦将倾，派人逼死二世，立扶苏之子子婴为秦王。子婴为摆脱魔掌，设计杀死赵高。义军攻至灞上，子婴脖套罪带来降。刘邦进了咸阳，迷恋阿房宫的华堂美女。樊哙列举秦亡于奢的事实，问他是打天下还是当富豪？张良也讲了"忠言逆耳，良药苦口"的道理。刘邦醒悟，带兵回驻灞上，颁布了严禁扰民的"约法三章"，深得人心，名誉天下。

058. 鸿门险宴

项王坑万卒，残暴恶名当。

函谷霸行显，鸿门罗网张。

沛公临险宴，庄伯舞危房。

借隙驰离去，争雄慰上苍。

　　项羽接受章邯投降后，怕管不住二十万秦国降兵，竟将其全部坑杀。他听到沛公刘邦攻下咸阳的消息，非常生气，强行打开函谷关。刘邦被迫到鸿门赴宴，项羽想借机将其杀害，但关键时刻又难下决心。谋士范增指使项羽的堂兄弟项庄舞剑，直取沛公；张良则请自己的好友、项羽的叔父项伯与项庄对舞，掩护沛公。在张良、樊哙的帮助下，刘邦借机脱离险境，从此拉开了与项羽争夺天下的序幕。

059. 火烧阿房

项羽进咸阳，新成复辟狂。

举刀屠旧主，放火毁阿房。

重返分封制，终称楚霸王。

诸侯征战起，华夏又遭殃。

项羽进入咸阳，杀了已降的秦王子婴和秦国贵族八百多人，还下令火烧阿房宫，烧了三个月才把这座豪华巨宫烧成一堆瓦砾。他逆社会发展大势而动，决定恢复分封制，一共封了十八个王给六国旧贵族和有功的将领。他终于称上了西楚霸王，有权号令天下诸侯，后来干脆把改称义帝的楚怀王杀了，回到他的封地西楚的国都彭城。统一了的中国又四分五裂，诸侯割据的战争烽火重燃华夏大地。

060. 夜追韩信

刘邦封汉地，兵士望东悲。

韩信日前走，萧何月下追。

问王基奠哪，拜将众猜谁。

焉晓淮阴丐，功高千古垂。

项羽把巴蜀和汉中封给刘邦，称汉王。又把关中封给章邯等降将，让他们挡住刘邦。刘邦到了汉中养精蓄锐，但属下兵士却想着东返故乡。先投项羽后投刘邦的韩信怀才不遇，也随开小差的兵士走了，被丞相萧何在第二天夜里快马追回。萧何问刘邦是长守汉中还是奠基天下，促使他筑坛拜将。就在众人猜测谁将受到重用时，流浪汉出身的淮阴人韩信被拜为大将军，后来成为"功高无二"的统帅。

061. 楚汉战争

楚汉战争巨，史诗难概全。

三秦还定牴，四路讨征牵。

氾水转机握，鸿沟划界宣。

刘邦多败笑，项羽屡赢癫。

公元前206年—前202年的楚汉战争，战地之辽阔，规模之巨大，韬略之丰富前所未有。刘邦用韩信计，暗度陈仓，还定三秦，形成对楚牴角之势。又建立反楚统一战线，韩信北伐，英布南拖，彭越后扰，主力东进，四路牵制，虽屡败不气馁，氾水一战扭转全局。项羽逼走范增，一意孤行，虽打了很多胜仗，却在全局上陷入被动，形势越来越差。只好应刘邦之求，与汉以鸿沟为界，开始撤军。

062. 四面楚歌

汉军违诺追，楚旅断粮炊。

十面伏骁卒，一篷藏美眉。

虞姬横剑死，亚父在天悲。

垓下乡歌恸，乌江悔欠亏。

公元前202年，汉王刘邦违背鸿沟和诺，组织韩信、彭越、英布三路大军追击霸王项羽。楚军粮道被断，在垓下陷入韩信的十面埋伏。霸王突围未果，夜里在仅剩的帐篷中与他心爱的虞姬喝酒解闷。此时，四面楚歌响起，楚军兵无斗志，虞姬在霸王"力拔山兮气盖世"的悲凉歌声中横剑自刎。霸王失去亚父范增后，就再无人给他出主意了。他突围到乌江边上，感到无颜见江东父老，拔剑自杀了。

063. 兔死狗烹

盛朝初奠定，祖帝召臣思。

成败人才本，存亡权柄持。

梁王冤屈死，英布事穷痴。

更叹淮阴汉，功高不识时。

垓下决战后，刘邦袭秦制建汉朝，即帝位号高祖，先定都洛阳后迁都长安，史称西汉（前202—9）。即位不久，他召开庆功会，与大臣们讨论得天下的原因，认为成功失败，全在用人。他封立过大功的将领为王，但又怕他们造反，就开始大杀功臣。那些被杀的功臣，有的如梁王彭越并无反叛证据，有的如淮南王英布是被逼入困境而造反。尤为可惜的是韩信，功高盖主又不见好就收，被高祖由王而侯一再贬谪，最后在"兔死狗烹"的哀叹声中死于皇后吕雉设下的圈套。

064.大风起兮

高祖平英布，凯旋经故乡。

举杯邀父老，击筑诉衷肠。

风起云飞乱，威加锦返煌。

守疆求猛士，歌舞泣怀伤。

　　汉高祖平定了英布，路过故乡沛县，设宴招待父老乡
亲。酒酣，他击筑高唱起传诵千古的《大风歌》："大风
起兮云飞扬，威加海内兮归故乡，安得猛士兮守四方。"
意思是说，风起云飞，群雄竞逐，天下大乱。自己有幸在
这样的形势下夺得帝位，衣锦还乡。可是对于能否找到
忠猛之士，把打下的天下守住，不但毫无把握，而且深
感不安。史书记载他边唱歌边舞蹈，"慷慨伤怀，泣数
行下"。

065. 白登被围

冒顿南侵烈，韩王降帜挥。

出征高祖怒，中计白登围。

见礼阏氏喜，和亲公主微。

功臣今可在？借女护门扉。

　　自从蒙恬打败匈奴，北方平静多年。楚汉相争，匈奴趁机南侵。汉朝初建，匈奴的冒顿单于带领四十万人马包围了马邑，韩王信抵挡不住，先求和后投降。汉高祖大怒，于公元前200年冬率军亲征，不料中了冒顿的诱敌之计，在白登被围。后采用陈平之计，暗派使者携重礼请冒顿的阏氏说情解围。高祖无力征服匈奴，就改取和亲之策，送宗室之女以公主身份嫁给匈奴单于，以换取边境的安宁。

066. 白马盟誓

帝思更太子，众谏为朝宁。

吕雉专工计，戚姬唯泣仃。

瞻前盟白马，顾后数臣星。

尤幸点周勃，安刘兴汉廷。

汉高祖晚年嫌皇后吕雉所生的太子刘盈软弱，想立爱姬戚夫人的儿子赵王如意为储，遭到众臣反对。其实，他是担心工于心计的吕后在自己死后专权，但又为戚夫人怨孤争储的泣闹而心烦。公元前195年，高祖病重。他把大臣们召至榻前，宰白马为盟："非刘氏而王者，天下共击之。"临终，吕后问他萧何之后的相位传承顺序，他点了曹参、王陵、周勃三人。果然，后来周勃安刘，振兴汉廷。

067. 吕后临朝

高皇乘鹤去，吕后欲熏心。

方弃弑臣险，又萌残戚阴。

赵王遭毒毙，惠帝受淫侵。

兄弟同根长，独苗难秀林。

汉高祖一死，吕后权欲熏心。她首先想把先帝的大臣们杀掉，在心腹审食其等劝说下才放弃冒险。太子刘盈即位，号惠帝，实权却掌握在太后手中。她罚戚夫人为奴，把赵王如意召回长安。惠帝把如意接到宫中与己同寝同食，太后还是借隙把如意毒死。她还将戚夫人砍肢挖眼，扔进猪圈，起名人彘。惠帝亲眼目睹了这两起惨案，精神受到很大刺激，大病一年，后来仅活了二十四岁就撒手西去。

068. 萧规曹随

萧老功成去，曹参辅佐持。

九年齐相路，三载汉丞师。

君逊先皇睿，臣输前任知。

无为循定制，醉酒正当时。

汉惠帝即位一年，相国萧何病逝，曹参接任。曹参
曾给高祖长子齐王刘肥为相九年，无为而治，齐地比较安
定。现在他仍以此法治汉，惠帝责备他成天喝酒，无所作
为。他反问：陛下比高祖英明吗？老臣有萧相能干吗？既
然都不如他们，那就一切按照他们规定的章程办事就行
了。当时战乱方平，天下思定，吕后专权，曹参用此法治
汉三年，未给百姓增加更多的负担，"萧规曹随"成为历
史佳话。

069. 周勃夺军

母后遮天手，害儿无嗣随。

抱婴承帝位，封吕入王帷。

白马血盟毁，刘皇社稷危。

夺军周勃奋，安汉铸丰碑。

　　吕太后一手遮天，强立女儿鲁元公主之女为皇后，但该女年幼无法成婚。惠帝至死都无子嗣，太后就从外面找了一个婴儿接替皇位。她不顾大臣反对，大封吕姓子弟为王。高祖立下的白马盟誓被撕毁，整个朝廷大权几乎全落在吕氏手中，刘氏天下岌岌可危。公元前180年，吕太后病死，周勃在陈平等的帮助下，计夺军权，诛灭诸吕，拥立高祖第四子代王刘恒为帝，是为汉文帝，天下重归刘汉。

070. 缇萦救父

仁孝汉文帝，德高行绝伦。

当儿尝母药，即位爱臣民。

连坐全除却，肉刑皆改循。

缇萦何救父？幸获太宗亲。

汉文帝刘恒以仁孝治天下，《二十四孝图》中记载了他为母亲尝汤药的故事。文帝的母亲薄姬出身低微，高祖在世时未得宠，这使她和儿子躲过了吕后的迫害，也亲身体察了民间的疾苦。文帝即位不久，就下令废除一人犯法、全家连坐的恶法。公元前167年，有个名叫缇萦的小姑娘托人代奏替父受刑，文帝十分同情，借机将砍脚、割鼻、去势等肉刑全都改为笞杖。因他德惠天下，死后庙号太宗。

071. 细柳周营

匈奴重犯境，烽火报危情。

文帝巡营至，将军出寨迎。

亚夫违跪拜，细柳拒通行。

众怒君王喜，天倾有柱擎。

匈奴单于受到挑拨，跟汉朝绝交。公元前158年，军臣单于起兵六万侵犯上郡和云中，边境烽火再起。汉文帝急派军队去抵抗，还亲自巡视长安附近驻军。在灞上、棘门两营，文帝受到领兵将军欢迎，车驾直闯营地。但到了细柳营，却遭到岗哨拦阻。该营将军周亚夫见驾，只作揖不下拜。侍从官员都怒其非礼，文帝却喜其治军有方，临终还嘱咐太子刘启，若将来国家动乱，让周亚夫率军平定。

072. 晁错削藩

诸侯强必反，同姓亦分离。

割地贾生策，削藩晁错棋。

谋疏留隐患，帝惧毁朝基。

幸有亚夫佑，七王之乱夷。

汉朝实行郡县制，但又封同姓王。与异姓王一样，这些同姓王"大都强者先反"。汉文帝时，贾谊提出"割地定制"，建议诸侯王死后，将封地分割给他的几个儿子，代代相袭，"地尽而止"。汉景帝刘启即位后，采纳了晁错的《削藩策》。由于计划不周，被吴王刘濞等七王获悉，要求"清君侧"。景帝惧其势大，杀了晁错，但七王还是造反了。幸亏有周亚夫统率军队，才平定了七王之乱。

073. 独尊儒术

武帝疏黄老，元光终易移。

仲舒圆对策，博士固阶基。

罢黜百家异，独尊儒术齐。

千年唯孔圣，陈腐渐难医。

公元前141年，十六岁的汉武帝刘彻即位。他想图强有为，对黄老学说不感兴趣，但遭到窦太后的干政制约。直到太后死后的元光元年，才得以采纳董仲舒"罢黜百家，独尊儒术"的建议，设置专门教授儒家学说的五经博士，在其弟子中选拔做官的人才。中国的封建正统思想就这样确立了，有力地维护了王权的统治和国家的统一，影响达两千年之久，但也逐渐衍生出阻碍社会发展的精神桎梏。

074. 马邑诱敌

匈奴多背信，武帝欲根除。

聂壹新呈计，王恢再上书。

大军藏马邑，小吏泄图初。

虽使单于遁，终将伐付诸。

　　匈奴多次背信弃义入侵扰民，年轻气盛的汉武帝决心根除边患。商人聂壹向将军王恢献上诱敌入塞伏兵袭击的计谋。王恢历来主战，这次又将此计转呈武帝。公元前133年，武帝派出三十万大军埋伏于马邑山谷之中。军臣单于听信了聂壹夺城相献的谎言，亲率十万匈奴骑兵前来接管马邑，途中逼降一名汉军亭尉，悉知内情后逃脱。马邑诱敌虽未成功，却拉开了大规模伐匈战争的序幕。

075. 龙城飞将

李广功勋巨，三朝辅帝坚。

带兵桃李范，击虎石棱穿。

却敌解鞍后，摧锋圆阵前。

龙城飞将号，青史永相传。

　　汉将李广战功昭著，文帝时击匈奴、景帝时平叛乱、武帝时任卫尉都有出色表现。司马迁用"桃李不言，下自成蹊"形容他善于带兵。相传他猿臂善射，能击虎穿石。一次他率百骑遭到几千匈奴骑兵追击，索性卸了马鞍休息，最终吓退敌人。他与敌将对阵敢于飞马接近，一箭夺命。虽然他屡遇挫折，在公元前119年的漠北之战中迷路未战愤愧自杀，但还是被誉为"龙城飞将"而名垂青史。

076. 帝国双璧

双璧英雄将，原为亲舅甥。

卫青精算计，去病善驰征。

碑立狼居岭，兵餐赵信城。

谁知边患息，一碎一孤撑。

卫青、霍去病舅甥出身低微，但受到汉武帝破格重用。卫青沉着严谨，精于算计。霍去病勇猛果断，善于奔袭。公元前119年，霍去病挥军横越大漠两千多里，大胜匈奴左贤王，至狼居胥山立碑而返。卫青率骑纵穿大漠一千多里，大败匈奴伊稚邪单于，追到阗颜山赵信城，让士兵们夺敌粮仓饱餐而归。匈奴撤到漠北，边患暂时平息，但"帝国双璧"之一的霍去病却只活了二十四岁便英年早逝。

077. 出使西域

武帝制匈奴，欲通西域途。

张骞应募使，邑父愿随呼。

两陷虎狼阱，三寻兄弟胡。

丝绸之路辟，探险首勋殊。

汉武帝为联合大月氏共击匈奴，下诏征集人才去西域联络。郎中张骞应募任使者，匈奴族人堂邑父自愿随同前往。张骞率百人于公元前139年出陇西，经匈奴被俘后逃脱，西行至大宛、康居、大月氏、大夏，返回途中又被匈奴拘留，于前126年归汉，历时十三年。后来，他又奉命分别赴西南和西北。三次出使三十多个国家，开辟了连接亚欧大陆的丝绸之路，作为首探者张骞功勋永垂青史。

078. 苏武牧羊

苏武使匈奴，株连遭扣俘。

十年持汉节，数度拒王途。

北海牧羊苦，南天寻路无。

幸逢传信雁，银发返朝都。

公元前100年，苏武奉汉武帝命持节出使匈奴，因受部属犯案株连而遭拘捕。匈奴单于多次威胁利诱，派已封为王的汉朝叛将现身说法劝其投降，均遭拒绝。后将他迁到北海（今贝加尔湖）边牧羊，扬言要公羊生崽方可放他回国。苏武历尽艰辛，留居匈奴十九年持节不屈。直至前81年，汉使以鸿雁传书证明苏武活着为名，方使其获释回汉。汉宣帝将苏武列入麒麟阁十一功臣，以彰其节操。

079. 史记辉煌

史记辉煌著，功成司马迁。

才华家教就，学识历经全。

耻腐欲寻死，羞留誓效贤。

青灯书万古，巨献创空前。

司马迁出身于史官世家，十岁随父到长安读书，二十岁开始游历各地，后又随汉武帝外出巡视，还接父职任太史令。公元前99年，由于为李陵败降匈奴辩解而入狱，后受腐刑。在羞耻难忍、几欲寻死之时，他想起周文王、孔夫子等先贤逆境奋起的事迹，发奋著书，写出了《史记》这部辉煌巨著。《史记》是中国第一部纪传体通史，列二十四史书之首，在史学史、文学史上都享有很高地位。

080. 霍光辅政

霍光名将弟，三代帝依臣。

力尽托孤职，权倾摄政身。

仿行除莠举，学做礼贤人。

焉晓妻谋后，患遗家灭沦。

　　霍光是霍去病的弟弟，系汉三朝名臣。武帝晚年为防女主篡权，把钩弋夫人杀死，将其子刘弗陵托孤给霍光。昭帝刘弗陵八岁登基，霍光独揽大权，治国有方。因昭帝死时无子，霍光立武帝之孙刘贺为帝，发现他不务正业，又仿效伊尹，将其废掉，另立武帝曾孙刘询，是为宣帝。霍光死后，其妻毒杀皇后以己女取代的罪行败露，霍家遭到满门抄斩，但他本人还是被宣帝列为麒麟阁十一功臣之首。

081. 昭君出塞

匈奴分五主，兄弟阋于墙。

兵败呼韩见，恩怜汉帝襄。

复求倾国女，迎入后阃房。

一遂昭君愿，美名青史扬。

匈奴五个单于分立，呼韩邪单于被其兄打败，于公元前54年来长安朝见，汉宣帝赠粮万斛、派兵万骑助他东山再起。前33年他再次朝见，"求美人为阏氏"。宫女王昭君听说后，请求出塞和亲。及召见，"貌为后宫第一"，"帝悔之"。原来，汉元帝刘奭因后宫女子太多只能按图召幸，昭君不愿贿赂画工而无缘与帝见面，元帝遂将"画工皆弃市"。昭君出塞后，匈汉和好近半个世纪。

082. 王莽篡汉

汉皇真乱弱，王莽假恭贤。

才拒封公地，又捐施赈钱。

弑君孺子替，索玺老姑癫。

改制扬汤止，欺民引火燃。

  西汉末年，社会矛盾空前激化。淫乱的汉成帝、汉哀帝和幼弱的汉平帝相继即位，大权落到太后王政君手中。其侄王莽假装恭谦贤达，当了大司马还拒受封地、捐钱赈灾，被视为"周公再世"。最终他露出真面目，毒杀平帝，选两岁的孺子婴为太子，自己于公元8年称帝，改国号为新，王政君在他索玺时怒掷于地。王莽力推复古改制，遭豪强抵制半途而废，复又欺骗压榨百姓，引发社会大动乱。

083. 绿林赤眉

人祸天灾虐，烟腾南与东。

占山双木绿，落草两眉红。

百姓揭竿起，豪强乘势攻。

刘玄称汉帝，更始聚英雄。

　　王莽改制失败，人祸天灾并发，百姓走投无路，南方东方都爆发了农民起义。南方荆州的义军占领了绿林山，号称绿林军。东方泰山的义军以眉涂红色为标记，号称赤眉军。一批没落豪强也乘势举兵，攻击新军。布衣皇族后裔刘演、刘秀兄弟在春陵起兵，与绿林军联合起来，打了几场胜仗。为了统一号令，又惧刘演势大，公元23年绿林军推举刘秀族兄刘玄做皇帝，恢复汉朝国号，年号更始。

084. 昆阳大战

新汉战昆阳，孤军陷厚墙。

凝心刘秀唤，求助马鞭扬。

雷震巨毋霸，兵开王莽膛。

是非存史册，各辩短和长。

　　更始帝即位不久，就派兵攻下昆阳、郾城、定陵。王莽派出四十三万大军，将只有八九千汉军的昆阳城团团围住。刘秀向守城将领讲清只有坚守才有生机的道理，亲率十二勇士飞马突出重围，调来一万多救兵。又带领敢死队向围城新军发起猛烈攻击，在惊雷声中把新将巨毋霸训养的猛兽轰散，新军全线崩溃。汉军乘胜追击，先后攻下洛阳、长安。王莽在乱军中被分尸，留下是非长短任人评说。

085. 光武中兴

家兄遭忌弑，刘秀强颜欢。

河北招新部，鄗城登祖銮。

赤眉攻腐帝，光武止崩盘。

善待同宗主，中兴天下安。

　　昆阳之战后，刘演遭更始帝忌杀。刘秀只能强颜欢笑，后来得到去河北招抚的机会，不断扩大势力，于公元25年在鄗城自立为汉帝，年号光武。更始帝进入长安后迅速腐败，赤眉军攻进京城将其杀死。光武帝收拾乱局，打败了赤眉军，将更始帝刘玄厚葬于霸陵，安置了被赤眉军拥立为帝的刘盆子，定都洛阳，史称东汉（25—220）。刘秀以柔道治天下，使东汉初年出现了光武中兴的安宁局面。

086. 洛阳硬令

董宣治洛阳，依法镇豪强。

公主护奴短，刘皇敬姐长。

宁亡难叩歉，虽撺实彰扬。

脖硬吏风正，门官也敢狂。

东汉王朝建立后，刘秀注重休生养息惠及百姓，强调依法治国管束豪强。洛阳令董宣是个令豪强惧怕的硬汉，皇姐湖阳公主有个家奴仗势杀人，董宣在公主外出时当面抓住并处决了该奴。公主就将董宣告了御状，刘秀让董宣向其磕头道歉。董宣宁死不从，被刘秀撺出皇宫，随后又赏钱三十万。董宣的硬脖子一时声威大振，连管洛阳城门的小官郅恽也敢循章夜拒皇帝打猎回城，受到刘秀赏赐。

087. 老当益壮

云台光武将，何摒息侯援？

开国功勋巨，安边战事繁。

老当行益壮，善至遇奇冤。

马革裹尸返，伏波豪气轩。

刘秀的儿子汉明帝刘庄让人画了光武"云台二十八将"，唯独没有新息侯马援。马援在新朝时曾因同情释放犯人而丢官，转营农牧业致富。国乱时他弃富从戎，成为战功赫赫的东汉开国功臣。天下统一后，他老当益壮，请缨安边，西破羌人，南征交趾。公元49年讨伐五溪时身染重病，死后遭人诬陷，直到汉章帝时才受到追谥。他以自己的行动践行了马革裹尸的誓言，无愧于伏波将军的称号。

088. 取经求佛

刘庄梦佛陀，遣使觅婆罗。

天竺千山越，真经一马驮。

洛阳皇寺建，太学帝儒摩。

教化未随俗，如来能几何？

汉明帝刘庄一次梦见一个头顶白光、绕殿飞行的金人，有人告诉他这是涅槃于婆罗双树间的天竺佛陀。明帝遂派蔡愔和秦景西去求佛，两人走过千山万水到达天竺。公元67年，他们带着请来的两位高僧，用白马驮着一幅佛像和四十二章佛经回到洛阳，明帝在都城西面修建白马寺将其供奉起来。那时中国还没有多少人信佛，明帝仍然崇倡儒学，亲自到太学讲解儒家经典，观摩者竟有十万之众。

089. 投笔从戎

班超原著史，投笔毅从戎。

窦固令方委，张骞业再躬。

火烧匈使帐，刀劈鬼师瞳。

鄯善于阗顺，胡杨友一<u>丛</u>。

　　班超出身史家，从小随父亲班彪学习文史，长大又和妹妹班昭一起协助哥哥班固著《汉书》。他听到匈奴侵扰边疆的消息，毅然投笔从戎。公元73年他奉大将军窦固之命，联络西域各国共制匈奴。他以张骞为榜样，带了三十六名勇士西去。通过火烧匈奴使者、刀劈弄鬼巫师，先后使鄯善王、于阗王归顺。三十一年间，他和通西域五十多国，为促进民族融合做出巨大贡献。91年汉和帝时，北匈奴被东汉联合南匈奴逐出漠北西迁，后来成为灭亡西罗马的主要力量之一。

090. 天地双仪

衡少学称奇，长成憎侈糜。

十年修两赋，廿载造双仪。

地动龙珠吐，天浑星位移。

可怜昏弱主，全被宦官欺。

东汉出了两位大发明家。一位是蔡伦，发明了中国四大发明之一的造纸术，于公元105年被汉和帝刘肇诏令推广。另一位就是著名天文学家、浑天仪和地动仪的发明者张衡。张衡自小学问出众，十七岁那年到太学读书，对王公贵族奢侈糜烂的生活很看不惯。他治学严谨，花了十年工夫写成《西京赋》和《东京赋》。他最爱好数学和天文，从111年任郎中，至132年在太史令任上，先后发明了能测量天文的浑天仪和能测报地震的地动仪。可惜东汉当时正在走下坡路，昏弱的汉顺帝刘保听信宦官谗言，将张衡调出京城，使他的研究没有能继续下去。

091. 跋扈将军

将军梁冀横，外戚仗中宫。

幼帝童言忌，少皇权柄空。

建园吞万户，榨富害千翁。

恶满终遭报，狼休豺又疯。

梁冀凭仗妹妹梁妠是汉顺帝的皇后，与父亲梁商先后做了大将军，形成外戚专权的局面。梁妠无子，顺帝死后，梁冀从宗室中先立两岁的冲帝，复立八岁的质帝，又因质帝说他是"跋扈将军"而将其毒死，再立十五岁的桓帝。他独断专行，无法无天，把洛阳近郊的民田都霸占为私人花园，还将许多富翁敲榨致死。公元159年，汉桓帝刘志依靠宦官逼死梁冀，东汉政权又从外戚转到宦官手中。

092. 党锢之祸

五侯朝政掌，鬻爵卖官狂。

士族权威失，学生前景茫。

忠臣冤狱死，太后禁宫惶。

党锢两番祸，汉家元气伤。

汉桓帝时，宦官单超等"五侯"把持朝政，卖官鬻爵。士族出身的官员失去权威，太学生们找不到出路，其中一些人愤起抗争，被诬结党，禁锢终生。汉灵帝时，宦官曹节等人更加猖狂，陈蕃、李膺、杜密、范滂等忠臣被重新起用后又冤死狱中，就连庇护宦官的窦太后也遭软禁。始于公元166年、168年的两次党锢之祸，"党人"几乎被杀尽，祸伤汉朝根本，为黄巾起义和东汉灭亡埋下伏笔。

三国鼎立

093. 黄巾起义

宦害苍天死，民仇甲子凝。

黄巾缠众首，张角显威棱。

接战朝廷败，募兵军阀兴。

汉崩华夏乱，百载火和冰。

党锢之祸后，宦官开铺卖官，污吏敲榨百姓，民怨越积越大。公元184年（甲子年），爆发了巨鹿人张角领导的农民起义。义军头缠黄巾，喊着"苍天已死，黄天当立。岁在甲子，天下大吉"的口号，所向披靡。汉灵帝拜外戚何进为大将军迎战义军，被打得大败，又下诏让各州郡自己招募兵马，镇压义军。黄巾起义虽然失败了，但却出现了军阀林立的局面。不久东汉崩溃，天下大乱达百年之久。

094. 袁绍诛宦

少皇新即位，国舅掌朝纲。

袁绍谋诛宦，陈琳阻引狼。

太监刀伏殿，外戚剑穿堂。

鹬蚌相争败，渔翁得利狂。

公元189年，十四岁的汉少帝刘辩即位，何太后临朝，国舅何进掌权。宦官蹇硕谋杀何进未遂被弑，中军校尉袁绍力劝何进乘势诛宦。何进与太后商量未果，遂联络并州牧董卓入京制宦，主簿陈琳力阻这引狼入室之举。张让等太监抢先下手，在宫中伏杀了何进，袁绍派弟袁术入宫杀宦。外戚和宦官两败俱伤，董卓领兵进京，废了少帝，立其弟献帝刘协。从此董卓独揽大权，袁氏兄弟被逼离京。

095. 曹操起兵

校尉曹操遁，誓将奸卓亡。

陈留家产散，酸枣众心茫。

汴水孤军败，盟营粮秣光。

扬州重募伍，图事日方长。

袁绍离京后，典军校尉曹操也改名易姓逃出洛阳，立志除掉董卓。他来到陈留父亲身边，"散家财，合义兵"。公元190年，曹操与各路讨董大军在酸枣集合，共推袁绍做盟主。董卓焚毁洛阳皇宫民舍，劫持献帝迁都长安，而关东联军却无人敢向关西推进。曹操遂独自引军西进，在汴水被董卓大将徐荣打败负伤，而盟军却坐视不管，耗光粮秣散去。曹操单独来到扬州招募人马，以图东山再起。

096. 计除董卓

董卓行狂妄，筑城藏小蛮。

丁原收义子，吕布弃恩山。

王允施离计，貂蝉抛色环。

元凶终被弑，虎死豹回攀。

　　董卓在长安城里屠官戮民，还在郿坞修筑了一个城堡，在里面广置钱粮美女，以备享用。他之所以敢于为所欲为，是因为手下有个猛将吕布。吕布原为并州刺史丁原收养的义子，后被董卓收买杀害恩公丁原，认贼作父。相传公元192年，司徒王允通过养女貂蝉对董吕同施美人计，诱使吕布杀死董卓。但董卓部将李傕、郭汜打进长安，杀死王允，赶跑吕布，挟制献帝，长安百姓又一次遭到烧杀抢掠。

097. 迁都许城

李郭豺狼斗，皇舆逃洛阳。

残垣充寝殿，野菜当炊粮。

荀彧谋迎主，枣祗言拓荒。

迁都操挟帝，天下有谁狂？

　　公元195年，李傕和郭汜在长安火并，外戚董承等带着献帝逃回洛阳，只能依残垣睡觉，靠野菜充饥，不少官员饿死病死。曹操本来势力很小，后来他占据兖州，打败徐州牧陶谦和吕布，成为一股强大的割据力量。献帝饿困洛阳，他正驻兵许城。司马荀彧出谋迎献帝至许城，羽林监枣祗建言召流民以拓荒，他均予采纳。自从迁都屯田，曹操挟天子而令诸侯，实廪仓而足供给，实力越来越强大。

098. 衣带密诏

笼中忧愤帝，欲把汉威扬。

密诏缝衣带，董承传主张。

英雄凭酒论，胆识借雷藏。

刘备归徐反，曹操得信狂。

　　汉献帝缝密诏于衣带，托董承除曹操，得到刘备暗许。刘备是涿郡人，系皇室远亲，得富商资助招兵买马，结识了关羽、张飞。陶谦病亡前将徐州让与刘备，但刘备还是被袁术、吕布打败，投奔了曹操，曹操和刘备一起消灭了吕布。曹操对刘备不放心，与其煮酒论英雄，被刘备巧借雷声掩饰过去。后来刘备返回徐州，打败袁术，公开反曹。曹操大怒，亲征徐州，关羽被擒，刘备战败，转附袁绍。

099. 官渡大战

袁绍短从善，曹操长御人。

田丰因计死，沮授为谋瞑。

跣足许攸见，袭巢官渡沦。

一赢安北地，从此望南尘。

公元200年，曹操二万人马与袁绍十一万大军相持于官渡。曹军讨伐刘备时，谋臣田丰建议袁绍乘虚进攻许都，袁绍不听。曹操胜后，袁绍又要攻打许都，田丰劝阻不成先被抓后遭戮。监军沮授劝说袁绍推迟决战，被置之不理。谋臣许攸提议乘曹军缺粮突袭许都，被袁绍骂走，投奔曹操时受到其跣足出迎。曹操听从许攸之计，奇袭袁军粮仓乌巢，继而歼灭其主力于官渡，为统一北方奠定了基础。

100. 占据江东

曹袁争北地，孙策起南方。

哭遂父遗志，凄交弟印章。

周瑜征战辅，鲁肃运筹襄。

先把江东固，再行争霸纲。

　　在曹操和袁绍争夺北方时，南方的孙策占据了江东。孙策的父亲长沙太守孙坚曾参与镇压张角和讨伐董卓，后在与荆州牧刘表作战时阵亡。孙策继承父亲遗志，在帮舅父吴景夺回丹阳时发展起来，却在二十四岁时被人刺杀身负重伤。临终前，他把印绶交给弟弟孙权。孙权虽然年仅十九岁，却善于选贤任能，依靠能征善战的周瑜、精于运筹的鲁肃等文臣武将，首先巩固了江东，开始争霸天下。

101. 隆中对策

备忧耽久客，访士觅贤踪。

庞统号雏凤，孔明称卧龙。

茅庐三顾切，草席一谈恭。

先取两州地，再登天下峰。

官渡大战后，刘备客居荆州刘表处七年，感到壮志未酬心不安，遂访士觅贤，谋图大业。名士司马徽告诉他，此地有号称凤雏、卧龙的庞统、孔明，请到其中一位便可平定天下。孔明是诸葛亮的字，徐庶也推荐了他。公元208年春，刘备到隆中三顾茅庐拜访诸葛亮，直到第三次方得见谈。诸葛亮为刘备分析了天下大势，提出先取荆益两州，再图问鼎中原的战略构想，辅佐刘备走上独创大业之路。

102. 火烧赤壁

翼德当阳喝，子龙长坂摧。

孔明唇齿喻，公瑾劣优推。

黄盖诈降遂，曹操误报回。

东风增火势，赤壁万船灰。

公元208年夏，曹操南下荆州，刘表病死，刘备携百姓转移，张飞在当阳桥喝退追兵，赵云在长坂坡摧锋突围。诸葛亮亲赴江东讲明唇亡齿寒的道理，周瑜分析北军人多疏水战而南军反之的形势，坚定了孙权联刘抗曹的决心。两军于赤壁隔江对峙，黄盖诈降获曹操谍报认可，以火船点燃曹方用铁索锁木舰连成的水寨，五万联军大败二十万曹军，创造了以少胜多的奇迹，奠定了三国鼎立的基础。

103. 神医华佗

儿病无医治，曹操思华佗。

疑难多证辨，内外各科摩。

救死王侯赞，扶伤百姓歌。

焉知遭怨弑，世代垢枭过。

赤壁大战后，曹操回到许都，闷闷不乐。恰在此时，他最喜爱的小儿子曹冲病逝。曹操伤心地说："吾悔杀华佗，令此儿强死也。"华佗是东汉著名医学家，与曹操同乡，善于辨证施治，精研内外各科，致力救死扶伤，在朝廷和民间都享有神医美称。曹操患头风病，经华佗医治后好转，就想将其留在身边，华佗不从被杀。曹操枭雄一世，毁誉不一，但其因私欲未满杀害华佗，遭到国人世代垢病。

104. 进占益州

刘璋居益地，懦弱又夷犹。

初上张松当，终遭法正休。

心慈玄德拒，势迫众臣求。

天府迎明主，三分立九州。

　　益州牧刘璋为人懦弱多疑，谋士张松、法正认为他守不住蜀地，密谋迎刘备入主。公元211年，刘璋听从张松建议，派法正邀刘备入川襄助。刘备率数万步卒与刘璋会于涪城，军师庞统与张松、法正皆劝刘备袭杀刘璋，被刘备拒绝。后张松事发被刘璋杀，刘备才与其反目，调诸葛亮、张飞、赵云率军入蜀伐璋。214年，刘备兵围成都，劝降刘璋，领益州牧，实现了三分天下有其一的战略意图。

105. 文姬归汉

魏王迎远客，再念蔡文姬。

自幼辞章美，长成音律奇。

栖荒思故土，归汉别亲夷。

悲愤诗三诉，胡笳十八拔。

公元216年，魏王曹操在接待匈奴单于时，再次想起亡友之女蔡琰还流落在匈奴，决定接她回来。蔡琰字文姬，从小善辞章，长大精音律。董卓之乱时，她被匈奴掳去，嫁给了左贤王。她苦盼十二年等到回国之日，又面临与身为胡人的丈夫和两个儿子的离别之痛。归汉后，她作了诉说被掳、别亲、返土三段心路的《悲愤诗》，写了披露孤独屈辱生活的十八首琴歌《胡笳十八拍》，传颂千古。

106. 水淹七军

荆州原借地，吴蜀各东西。

玄德汉王立，云长刀柄提。

围城孤旅险，淹水七军凄。

威震中原主，懿谋王解迷。

　　荆州是孙权借给刘备的，刘备占领益州后，孙权要讨还荆州，刘备不从。后来双方商定将荆州一分为二，湘水以东归吴，以西归蜀。公元219年，蜀军在汉中击败魏军，刘备自立为汉中王，令关羽乘势在荆州攻打中原。关羽率军包围樊城，利用洪水淹灭七支曹军救援部队，周边多地策应反曹。谋士司马懿建议派人游说孙权夹击关羽，解樊城围。魏王曹操这才镇定下来，改变了放弃许都的企图。

107. 白衣渡江

吕蒙承肃位，劝主弃刘盟。

关羽拒姻辱，曹操封地荣。

白衣藏武士，战舰饰商棚。

骄将麦城死，震雷川上轰。

　　鲁肃死后，接替他职位的吕蒙建议放弃刘备这个盟友，攻击关羽，收回荆州。关羽曾以"吾虎女安肯嫁犬子乎"拒绝孙权儿子向其女求亲，此时曹操欲以江东封给孙权为条件联吴抗蜀，孙权遂定下反蜀袭关的决心。吕蒙装病，让摇橹士兵穿上商民的白衣，将战船改装成商船，一举渡江，与曹将徐晃夹击关羽，在其败走麦城时生擒斩首。失去荆州，蜀汉犹如毁了一个战略出击拳头，不啻晴天霹雳。

108. 七步成诗

三曹文盖世，二子位存争。

植弟仙才誉，丕兄偶语声。

一吟生死决，七步愧忧呈。

萁豆同根长，缘何相剪烹？

　　曹操与其子曹丕、曹植在文学史上合称"三曹"。两子系一母所生，在储位之争中曹丕险些输给曹植。史上有人称曹植为"仙才"，认为曹丕的诗"率皆鄙直如偶语"而不及他。公元220年，曹操病死，曹丕做了魏王，接受汉献帝"禅让"，成为魏文帝。他仍忌恨曹植，令其七步成诗，曹植随口忧诵："煮豆燃豆萁，豆在釜中泣。本是同根生，相煎何太急。"曹丕听了面带愧色，未予加害。

109. 火烧连营

刘备称皇即，心迷报弟仇。

子龙难劝阻，翼德更添忧。

吴将按兵待，蜀军求战休。

连营腾烈火，覆没泪长流。

公元221年，刘备在众臣劝说下，于成都即汉皇位，史称蜀汉先主。他称帝后做的第一件事，就是率军亲征，为关羽报仇。赵云指出是曹丕篡汉，不应伐吴，他不听。张飞被降吴叛将杀害，更增加了他的忧愤。吴将陆逊长期坚守不战，直到222年夏，蜀军沿江而下深入夷陵，锐气渐失无力挑战之时，吴军乘风火烧连营七百里。伐吴蜀军全军覆没，刘备悔恨交加，热泪长流，认为是天意所致。

110. 七擒孟获

先主托孤恳，孔明含泪承。

首行扶后礼，继出定南征。

孟获七擒纵，官员零减增。

仁威超武势，心聚力方升。

刘备于公元223年病逝于奉节白帝城。临终前，他将小名阿斗的太子刘禅托孤给诸葛亮，并嘱"如其不才，君可自取"，亮涕泣承诺"竭股肱之力，效忠贞之节，继之以死"。诸葛亮扶持后主刘禅行了登基大礼，自任丞相，主持朝政。此时南中地区不少部族起来反抗蜀汉，国土失半。225年，诸葛亮率军南征，对反叛部族首领孟获七擒七纵，胜利后不派官员进驻，赢得了人心，稳定了西南。

111. 痛失街亭

亮奏出师表，远征屯汉中。

祁山初抢占，箕谷实佯攻。

马谡街亭失，咽喉关陇终。

悔违先帝嘱，斩将泪朦胧。

公元227年，诸葛亮给后主呈上《出师表》，带领远征军屯兵汉中，寻机伐魏。翌年，他派赵云进驻箕谷佯攻郿城，自己亲率主力抢占祁山。魏明帝曹叡亲至长安，派张郃率军前去抵抗。蜀先锋马谡不听劝阻，弃城驻山，被张郃切断水源，痛失关陇咽喉街亭。幸亏副将王平带千人另驻一地，冒充伏兵，迟滞了张郃进攻。诸葛亮后悔未遵刘备关于马谡言过其实不可重用的遗言，挥泪将爱将斩首。

112. 五丈原上

孙权称帝僭，诸葛把全盘。

六出祁山险，数赢司马寒。

汉曹难两立，王业不偏安。

尽瘁巨星陨，忠心千古丹。

公元229年，孙权称吴帝。蜀臣多责其僭号，主张绝盟。诸葛亮认为曹魏乃大敌，坚持联吴抗魏。他六出祁山，数赢司马懿，但战略上并未得手。234年，他做好充分准备，发动十万大军进行最后一次北伐，却因劳累过度，病死在五丈原，享年五十四岁。他致力北定中原，复兴汉室，但壮志未酬身先死，留下"汉贼不两立，王业不偏安"、"鞠躬尽瘁，死而后已"的宝贵精神，永垂青史。

113. 仲达装病

仲达晋高祖，谋奇胆过人。

一朝宁国柱，四代辅君臣。

装病瞒曹爽，让权安自身。

苍龙潜海底，雷起跃云暝。

司马懿字仲达，是晋朝（265—420）的奠基人。他善谋奇策，胆略过人，多次在危难时刻维护了魏王朝的安全和稳定，是辅佐了曹魏四代君王的重臣。魏明帝死后，魏少帝曹芳即位，国家大权落到了大将军曹爽和太尉司马懿手里。曹爽一手遮天，司马懿装病不上朝，被剥夺兵权也毫不计较。公元249年，司马懿乘曹爽陪少帝祭陵之机，以太后名义发动政变，将其诛灭，夺取了政权。

114. 路人皆知

司马两兄弟，虎狼之道勤。

师凶谋少帝，昭横弑新君。

曹奂位虚立，陈留号再云。

操刀如一辙，下手看谁荤？

    司马懿死后，魏国大权落在司马师、司马昭兄弟手里，谁反对他们就除掉谁。少帝曹芳恨透司马师，但还未等他动手，司马师先将其废了。司马师病死，司马昭更加专横。新君曹髦认为"司马昭之心，路人皆知也"，不甘坐受废辱，起来反昭，被其派人手刃。他虚立十五岁的曹奂做傀儡，是为元帝，后被司马炎降为陈留王，即汉献帝被废的封号。司马篡魏与曹魏篡汉如出一辙，有过之而无不及。

115. 竹林七贤

魏晋斗双主，竹林歪七贤。

国家昏入夜，百姓苦沉渊。

佯醉掩忧戚，清谈避祸愆。

功名难为动，高节古今传。

　　魏晋交替，双主斗于朝，志士忧于野。嵇康、阮籍、山涛、向秀、刘伶、王戎、阮咸七位文人，常在山阳竹林聚会，史称"竹林七贤"。面对国家黑暗、百姓困苦，他们才华难展，生命堪忧，只能用喝酒佯狂、清谈纵歌来排苦遣闷，其作品善用比兴、象征、神话等手法，隐晦曲折地表达思想感情。他们多数不愿为功名利禄与当权者合作。公元263年，嵇康因得罪司马昭被处死，年仅三十九岁。

116. 偷渡阴平

庸主宠奸宦，姜维独木支。

三英征蜀汉，二士竞赢师。

邓渡阴平速，钟攻剑阁迟。

螳螂捕蝉后，黄雀被鹰持。

继诸葛亮、蒋琬、费祎之后，姜维担任了蜀汉大将军。由于后主宠宦黄皓掣肘，他多次北伐未果。公元263年，司马昭派出三将分头攻蜀，统帅主力的钟会与担任助攻的邓艾争功斗赢。邓艾偷渡阴平，绕过剑阁，直插成都，逼降后主。姜维接到后主降令，向被阻于剑阁的钟会投降，拟借其力恢复汉室。264年，邓艾被钟会诬告捕杀，钟会、姜维兵变自立死于乱军之中，蜀地落入司马昭之手。

117. 乐不思蜀

先帝在天泣，儿皇可害羞？

未攻城自破，才徙志他流。

乐不思亡蜀，窘偏迷处优。

若非昏透顶，性命早挨谋。

　　刘备托孤，本指望刘禅能够在诸葛亮辅佐下复兴汉室。哪知道刘禅是个"扶不起来的阿斗"。邓艾兵临城下，他根本不想抵抗，叫人反绑双手，出城投降。司马昭把他接到洛阳，封为安乐公，使他忘掉国耻，感恩不尽。宴会上，看到美女表演蜀地歌舞，蜀汉旧臣皆拭泪，唯他咧开嘴挺高兴。司马昭问他："颇思蜀否？"他答："此间乐，不思蜀。"司马昭见他的确糊涂透顶，就没有杀害他。

118. 楼船破吴

晋武挥鞭令，三军齐伐吴。

楼船居益造，木片顺流凫。

锥索拦舟旅，筏桴开水途。

请降孙皓缚，百载国终苏。

公元265年，司马昭病死，其子司马炎继位，后废魏建晋称帝，即晋武帝。279年，武帝下令兵分三路伐吴，益州刺史王浚率领水军顺流东下。此前他在益地造了大批楼船，木片下料顺水漂到东吴，引起吴军警惕，在水下安铁锥、水上拉铁索加以拦阻，王浚扎筏编桴、扫锥烧索将之排除。三路大军势如破竹，直指建业，残暴的末代吴帝孙皓自缚出城请降，华夏百年乱局以三国归晋而告终。

两晋两朝

119. 石崇比富

洛阳西晋都，竞富侈风污。

王恺水饴釜，石崇柴烛炉。

紫丝屏障立，彩缎幕廊铺。

笑碎珊瑚树，君挑喜哪株？

晋朝前期都洛阳，称西晋（265—316）。建朝初期尚奋发，统一全国后比富成风。当时洛阳有三大富豪，尤以太仆、征虏将军石崇和国舅、后将军王恺为最。石崇听说王恺家用饴糖水洗锅，就令自家将蜡烛当柴烧。王恺沿门前四十里夹道竖立紫丝屏障，石崇则铺张五十里彩缎幕廊。王恺在宴会上捧出两尺多高的御赐珊瑚树，石崇将其砸碎，从家里搬来几十株珊瑚树任王恺挑选，三四尺高的有六七株。

120. 周处除害

民忧三害苦，周处在其中。

杀虎一招效，屠蛟数日工。

拜师移秉性，为众做英雄。

敢与恶邪斗，至今名节崇。

　　周处是义兴人，自小亡父，无人管束，纵情肆欲。他见人们郁闷，一打听原来是老虎、大蛟和周处"三害"为祸乡里所致，极为震动，决心为民除害。他先上南山，一箭射杀老虎。后下长桥，用三天三夜工夫屠灭大蛟。再离家乡，拜名人陆机、陆云为师改过自新。后来他为民做主，敢斗邪恶，成为东吴和西晋的好官，也为权贵们所不容。公元299年，他被派往西北讨伐氐羌叛乱，牺牲在疆场。

121. 白痴皇帝

极盈忧月损，至察奈儿愚。

卫瓘醉言醒，贾妃迷答糊。

蛙声依地辨，肉粥替粮需。

如此白痴帝，江山怎免荼？

晋武帝及其先主精明至极，但他生的太子司马衷却很低能。大臣卫瓘借醉抚銮叹息："此座可惜！"武帝乃出题考太子。太子妃贾南风找人代做了真伪难辨的答卷，把武帝糊弄过去。公元290年，武帝病死，太子即位，是为惠帝。他听见蛙叫，问其属官还是属私？随从骗他：在官地属官，在私地属私。各地上报灾情，说缺粮饿死人，他竟问：何不食肉糜？皇帝白痴，野心家们便蠢蠢欲动。

122. 八王之乱

八王之乱烈，西晋似遭瘟。

先帝封侯祸，后妃专擅根。

谋权无禁忌，夺命有卑尊。

国力十成尽，华天三纪昏。

八王之乱，是西晋同姓王为争夺中央政权而爆发的混战，国家犹遭瘟疫。晋武帝认为魏亡于皇族无权，就封了二十七个带兵的同姓诸侯王。惠帝即位后，皇后贾南风为了专擅朝政，从公元291年联合楚王司马玮诛灭外戚杨骏起，至306年东海王司马越夺取大权止，历时十六年，先后有八王卷入，七王与太子、太后、贾后身亡。此劫致西晋生灵涂炭，国力耗尽，华夏近三百年动乱分裂，暗无天日。

123. 流民大营

国难天灾逼，流民入蜀方。

氐人三杰济，刺史一贪殃。

李特大营反，官军小命亡。

牺牲前后继，成汉益州皇。

　　八王之乱期间，关中又闹饥荒。公元298年，十几万流民逃荒到蜀地，氐人李特三兄弟一路接济他们，而益州刺史罗尚欲将其赶回关中，还要设卡劫财。李特在绵竹设立流民大营，与罗尚交涉。罗尚派出三万官军前来偷袭，被李特率流民杀得丢盔弃甲。李特战死后，其兄弟子侄前仆后继，坚持斗争。304年其子李雄自立为成都王，两年后称帝，国号大成。后来，其侄孙李寿改国号为汉，史称"成汉"。成汉是五胡十六国（五凉四燕三秦二赵一成一夏）中首个独立于晋朝的割据政权。

124. 匈奴称汉

匈奴称汉号，欲效祖刘皇。

本是和亲后，理应同脉长。

胡兴何耻辱，晋毁岂荣光？

连废二虚主，洛阳安帐房。

氐人李雄称王，匈奴首领刘渊也反晋独立。匈奴贵族认为，几百年来汉朝不断派公主与匈奴和亲，南匈奴又接受了汉文化，自己应该是刘皇后代、汉室亲戚，遂改姓刘，国号汉。那时把匈奴、鲜卑、羯、羌、氐五族在北方夺权建国叫"五胡闹华"，胡人认为这是晋朝自毁所致。公元308年，刘渊称汉帝。其子刘聪先后废晋怀帝、晋愍帝，定都洛阳，于316年灭西晋。后因国号改赵，史称"汉赵"。

125. 闻鸡起舞

为国成才切，闻鸡起舞姿。

晋阳残壁守，孤旅壮心持。

粮草空仓日，胡笳退敌时。

刘琨彰义举，世代广传知。

祖逖与刘琨年青时立志为国成才，每天"闻鸡起舞"。当匈奴横行北方之时，刘琨还在坚持战斗。公元308年，他临危受命为西晋并州刺史，招募了一千兵士，冒着千难万险，转战到已成一片废墟的晋阳。他带领军民修复城池，恢复信心，孤军坚守近十年。一次城内粮草将尽，兵士惶恐不安，他却泰然自若，组织胡笳乐队，朝敌吹奏胡曲。数万匈奴兵听到哀伤凄婉的笳音，思乡情起，泣泪而退。

126. 共治天下

建康名族旺，东晋固基难。

睿即元皇位，导操贤佐盘。

君臣相敬重，南北互消寒。

王马共天下，江山且自安。

公元317年，琅琊王司马睿称晋王，次年即帝位，是为晋元帝。因都建康，史称东晋（317—420）。建康即原东吴首都建业，这里聚集了大批江南名门望族，开始对司马睿并不买账。司马睿从东渡到称帝，主要依赖有"江左管仲"之称的北方大族王导及其堂兄王敦的支持，促进了南北士族的联合。登基大典那天，司马睿突然拉住王导同升御床，受到王导坚辞。人们把这段历史称为"王马共天下"，东晋的门阀制度自此形成。后来王敦叛乱病死，琅琊王氏因功大势大，未受株连。

127. 石勒听书

新君更国号，石勒始称王。

敬汉收贤士，听书思政纲。

育才开学校，选吏考文房。

愧与刘邦比，或如光武强。

公元318年，刘曜即汉主位，次年改汉为赵。羯人出身的大将石勒也自称赵王，都襄国。他不识字，但对汉文化很尊重，请汉族士人张宾辅佐，组建君子营收留读书人。他常听人读汉书，从中思考治国方略。还开办学校，培养人才，通过考试选官。328年，石勒灭了刘曜，两年后称帝。当大臣夸他时，他认为自己不如刘邦，与刘秀或可一拼。史称刘氏赵国为"前赵"，石氏赵国为"后赵"。

128.中流击楫

匈奴侵北地，祖逖避南方。

王幄请缨切，中流击楫昂。

豫州收失土，汴水夺援粮。

可恨元皇忌，功亏一篑亡。

　　匈奴侵占北方，许多中原人士逃难到江南，刘琨的好友祖逖也在其中。公元313年，祖逖向琅琊王司马睿请缨，封豫州刺史，得千人粮饷，率随同南下的宗族部曲百余家渡江，中流击楫，誓师北伐。所部纪律严明，百姓踊跃参加，数年间收复黄河以南大片失土，在汴水设伏夺取后赵大量援前军粮，使石勒不敢南侵。后因势力强盛，受晋元帝猜忌，派戴渊掣肘，321年忧愤而死，北伐功败垂成。

129.陶侃运甓

陶侃运砖甓，劳筋励志忙。

献<u>鱼</u>严母退，下料俭官藏。

路不拾遗缺，兵非血刃长。

家风传后世，元亮咏桃乡。

　　"陶侃运甓"是讲陶侃被贬广州时，将百砖朝运于斋外，暮运于斋内，以劳筋励志。他出身贫寒，家教甚严，年轻时因将官府的一坛腌鱼献给母亲而遭其斥责退回。他先后两任荆州刺史，厉行节俭，将造船剩下的木屑竹头等下料收藏起来充分利用。他治下的荆州，百姓富裕，路不拾遗。他善长用兵，多次参战，作为联军主帅平定苏峻之乱，兵不血刃就擒获郭默父子，为稳定东晋政权立下赫赫战功。陶侃于公元334年去世，子孙均有建树，曾孙是字元亮的田园诗人陶渊明。

130. 一代书圣

羲之字飘逸，光彩耀王家。

洗笔池盈墨，挥毫木透华。

兰亭奇帖诞，书圣美名遐。

竟有换鹅事，愿偿千倍加。

在"王马共天下"的东晋，王导、王敦家族的子弟都当上大小官员，虽然多数庸碌，但也出了一个以笔势飘逸著名的书法家王羲之。他从小苦练写字，洗笔的池塘水变成墨色，十二岁时笔力即能入木三分。他曾任宁远将军等职，后辞官。学钟繇书，一变汉魏以来波挑用笔，独创圆转流利之风格，兼善隶草正行各体。公元353年，他和谢安等朋友在会稽兰亭饮酒吟诗时，挥笔写下《兰亭序》，被誉为"天下第一行书"，书圣之名不胫而走。他喜鹅，曾以字换鹅，这个故事至今仍令书法爱好者想入非非。

131. 桓温北伐

桓温灭成汉，北伐更风光。

首战长安震，重还洛邑煌。

居功思走险，废帝欲披黄。

藏武试王谢，方知不可当。

公元249年，残暴的后赵国主石虎病死，冉闵灭赵建魏，羯人遭灭族。冉魏又被鲜卑贵族慕容皝建立的前燕所灭，氐人贵族苻健乘机占领关中建立前秦。在此期间，东晋大将桓温剿灭成汉，三次北伐，曾直逼长安，占领洛阳，功高盖主。扬言不能流芳百世，也要遗臭万年，强行废立皇帝。他以为简文帝病重会禅位于他，结果幻想落空，于373年带兵进京，暗伏武士，会见当时名望最高的士族大臣王坦之和谢安。谢安一席话使他看到反对力量太大，从而放弃了篡位的念头。

132. 王猛扪虱

王猛隐西岳，桓温曾问寻。

掏心言大势，扪虱露胸襟。

雄主虎添翼，贤臣凤入林。

功高盖诸葛，逝去绝知音。

　　王猛是十六国时期著名政治家、军事家。他出身贫寒，自学成才，隐居在西岳华山，靠卖畚箕谋生。桓温首次北伐，曾在灞上问他士人何不相见，他指出是由于晋军为了保存实力而不攻长安所致，说中了桓温的心事。他谢绝了桓温的邀请，但他扪虱对答的笑话却四处传扬。后来雄心勃勃的前秦国主符坚发现并重用他，使之官至丞相、大将军，辅佐符坚扫平群雄，统一北方，被称作"功盖诸葛第一人"。公元375年，王猛溘然离世，符坚少了一个股肱之臣，三次临棺恸哭。

133. 一意孤行

柱折忠言弃，苻坚攻晋迷。

首擒朱序久，继负谢玄凄。

劝谏实良药，纵容原毒砒。

孤行凭一意，猛在亦悲啼。

　　王猛临死忠告苻坚，要警惕鲜卑和羌人，不要进攻东晋。但苻坚很快将其忘弃，十分信任从前燕来投奔他的鲜卑贵族慕容垂和羌人贵族姚苌，非灭东晋不可。他派大军攻襄阳，花了近一年时间才破城，将晋将朱序俘虏。接着又攻淮南，被晋将谢玄等打得大败而归。公元382年，他又欲攻晋，遇众臣一致劝谏，仍一意孤行。慕容垂见他如此，便纵容其攻晋，以便乘机复燕。人们不禁联想刘备不听诸葛亮告诫伐吴失败，感到皇帝骄傲了，即使王猛活着也不一定能改变他的主意。

134. 东山再起

东山卧谢安，再起令桓寒。

少以清闲著，老凭温雅端。

围棋赢墅稳，磕屐入房欢。

乘胜收亡土，功高自弃官。

　　谢安是与王导齐名的东晋宰相，少时以清闲著名。因他长期隐居会稽东山，出任桓温随军司马不久辞官归隐，复出后以温雅沉着的言行打消了桓温称帝的念头，史称"东山再起"。公元383年，符坚亲率八十七万大军南征建康，东晋满朝震动。谢安处变不惊，坐镇建康指挥八万晋军在淝水大败符坚。围棋赢墅、磕屐入房，是指他在大敌压境时还与人下棋赌赢别墅，接到捷报送走客人才舞跃入房，把木屐齿都磕断了。他乘胜收复黄河以南大片失土，功高震主之时主动交权避祸。

135. 淝水之战

寿阳秦旅占，硖石晋锋惶。

洛涧城旗换，八公山草扬。

修书求让渡，撤阵变逃亡。

三谢中原震，二苻淝水殃。

　　前秦以十倍于东晋的兵力浩荡南下，苻坚派弟苻融攻占寿阳，拿下洛涧，将晋军前锋围困于硖石。谢安弟谢石、侄谢玄以五千北府兵夺回洛涧，主力与晋军隔淝水对峙。苻坚见对面八公山上草木皆兵，遂坚守不战。谢玄给苻坚写信，要求秦军撤出一块阵地，让晋军渡河决战，苻坚竟应允。结果，厌战惧战的秦军风声鹤唳，把撤阵变成逃亡。晋军乘势渡河猛追，大获全胜，谢安、谢石、谢玄威震中原。苻融死于乱军，慕容垂、姚苌趁机叛秦建立后燕和后秦，苻坚被杀。

136. 桃花源记

祖先非士族，陶潜远嚣浑。

朝政益荒乱，仕途尤暗昏。

宁承空腹冷，不屑折腰温。

梦入桃源境，人人得自尊。

东晋实行世族门阀制度，名门望族世代为官。陶侃虽然做过大官，但不是士族大户。到了曾孙陶潜这一代，家境已很贫寒，这也使他远离官场的喧嚣浑噩。陶潜又叫陶渊明，生活在东晋末年的政治混乱时期。他不为五斗米折腰，辞官归隐柴桑，成为中国首位田园诗人。他写的《桃花源记》，借武陵渔人行踪这一线索，把现实生活和理想境界联系起来，表达了对安宁和乐、自由平等生活的追求。

137. 布却月阵

桓玄先废帝，刘裕继扶皇。

首伐南燕灭，重征北魏妨。

依河排月阵，仿箭射矛芒。

拦破后秦殁，宋銮登晋堂。

公元403年，桓温之子桓玄废晋帝称楚皇。北府兵将领刘裕将其打败，迎晋安帝复位。刘裕出身贫苦，在士族中没有地位，只能以军功树威。他首次北伐灭掉南燕，接着统一南方。再次北伐遇到北魏拦击，就在黄河北岸布下半圆形的却月阵，用大弓射长矛，以二千步兵大破北魏三万骑兵，乘势攻下洛阳、长安，灭了后秦。公元420年，刘裕接受"禅让"称帝，改国号为宋，史称"刘宋"。东晋灭亡，中国进入南北朝（420—589），刘裕就是南朝宋齐梁陈四朝的首位皇帝宋武帝。

138. 唱筹量沙

宋朝檀道济，却敌用谋疑。

北伐断粮草，南归遇魏师。

量沙充白米，唱数设樊篱。

威盛遭冤弑，城摧难再弥。

　　宋武帝做了两年皇帝就病死，其子刘义隆即位，是为宋文帝。北魏乘机大举南侵，占领黄河以南大片土地。宋文帝派檀道济率军北伐，打了三十多场胜仗，占领历城后被敌断了粮草，准备撤军南归。北魏援军接到投降士兵报告，说守城宋军无粮，便派人深夜潜入宋营探听虚实。檀道济命令士兵用沙充当大米称量，并大声唱筹来迷惑敌探，终于将大军平安撤回。由于他功高威盛，遭统治者忌杀，被抓时怒斥这是自毁长城。后来魏军兵临建康，宋文帝在石头城上懊悔不已。

139. 高允直言

北魏据中原，帝推修史篇。

明言依实写，暗盼饰瑕诠。

崔浩显奇伟，石碑生祸愆。

幸亏高允正，直诉少株连。

　　北魏是南北朝时北朝第一个朝代，为鲜卑贵族拓跋珪创立，是为魏道武帝。道武帝任用了一批汉族士人，其中以崔浩最有名望，先后辅佐北魏三代帝王统一北方，立了大功。魏太武帝拓跋焘即位后，于公元439年令崔浩带人编写魏史，嘱其据实录写。崔浩信以为真，将文化较低的鲜卑先祖的那些不太体面的事也写入史中，还别出心裁地刻在石碑上宣扬，引起鲜卑统治者不满。参与编史的高允面君直言，明辨是非，分担责任，虽未救出崔浩，但避免了更多涉案者受到株连。

140. 科学巨匠

朝衰谁不朽？巨匠祖冲之。

精算圆周率，新推历法期。

指南车测向，千里楫赢时。

终与张衡似，才华难广施。

南朝宋很快就衰落了，此时却出了一个科学巨匠祖冲之。他的祖父曾任朝廷的大匠卿，使其从小就受到科学知识教育。他青年时进入华林学省，从事科学研究，在数学、天文和机械方面贡献巨大。他精算了圆周率，在世界上最早将其推算到七位数字以上，比欧洲早一千多年；创制了大明历，测定月亮环行一周的时间跟现代科学测定的相差不到一秒；还发明了能测向的指南车，日行百里的千里船等。但他的发明创造得不到封建统治者的重视，与张衡当年一样难以施展才华，更谈不上发扬光大。

141. 南齐代宋

南齐萧道成，受禅宋名更。

祖溯汉丞衍，少传华盖撑。

不求天下大，只在位权峥。

中轴都城贯，棋书圣手生。

　　南齐是南朝的第二个朝代，为齐高帝萧道成于公元479年接受宋顺帝"禅让"所建。萧道成系萧何二十四世孙，传说他从小就喜欢在门前一棵形如华盖的大桑树下玩耍。长大后带兵平叛有功，又逢刘宋皇室内部为争权而自相残杀，朝廷实权渐集于他手中。他的志向是不在天下之大，只在权位之高。登基后励行节俭，加强防卫。他对后世有影响的是改建建康城，形成中国都城以中轴线为基准、主要建筑物左右对称的范本；撰写《齐高棋图》，是首位亲自著作围棋书的皇帝。

142. 反对迷信

佛兴南北朝，上下把香烧。

范缜批迷信，子良推戒条。

花飘何宿命，神灭怎招摇？

齐号被梁代，帝王仍姓萧。

南北朝时，佛教盛行，南齐从皇帝到大臣都信佛，萧道成的次子、宰相萧子良到处推行佛教戒条。有个读书人范缜要大家别信这一套，萧子良把他找去辩论，说你不相信宿命，为什么有人穷有人富？范缜说，人生好比树上的花瓣随风飘，有的落在座席上，有的落在茅坑里。他又写了一篇文章《神灭论》，系统阐述了无神论思想，朝野为之哗然与震惊。信佛并未改变南齐二十三年而亡的命运。公元502年，萧道成族侄、萧何二十五世孙萧衍起兵攻进建康，灭了南齐，建立南梁。

143. 移风易俗

移风易俗争，北魏孝文诚。

治吏遏贪腐，均田促耦耕。

迁都凝众志，改姓固长城。

民族融和好，国家兴旺生。

北魏自从太武帝死去后，政治腐败，鲜卑贵族压迫人民，不断引起反抗。公元471年，年幼的魏孝文帝拓跋宏即位，在祖母冯有的扶持下，经过激烈辩论，采取了一系列移风易俗的改革措施。他颁布俸禄法，严惩贪官污吏。实行均田制，大力促进农耕。由平城迁都洛阳，凝聚变革之志。改鲜卑姓为汉姓，自己也改名元宏。规定鲜卑人着汉服、讲汉语，鼓励鲜卑贵族与汉士族联姻，参照南朝典章修改北魏政制。这些举措，加速了民族融合，推动了国家发展，史称孝文帝中兴。

144. 北魏分裂

好花难久开，君去腐风来。

太后赏空库，龙门耗尽财。

文臣贪富贵，武将惧兵灾。

国裂东西魏，权分两帝哀。

公元499年，孝文帝病逝，宣武帝元恪继位，北魏又开始衰落。到孝明帝元诩即位时，大权落到太后胡充华手中。胡太后专横奢侈，将几代魏帝充实起来的国库赏赐近空，还动用大量财力建永宁寺、凿龙门石窟。在她统治下，文官贪财，武官怕死，民不聊生，天下大乱。528年，孝明帝、胡太后在互相残杀中相继死去，实权渐集于权臣高欢、宇文泰手中。他们将北魏分裂成以邺城为都的东魏和以长安为都的西魏。后来，其后代逼迫两魏皇帝"禅让"，建立北齐和北周。

145. 皇帝和尚

萧衍俭勤帝，暮年亡禁囚。

先曾迷美色，后却恋僧楼。

入寺一袈换，离身亿款酬。

宽严皆失度，能不总遭谋？

梁武帝萧衍以节俭勤奋名列历代帝王之冠，首探科举选士，在位四十八年，竟于八十六岁时遭囚禁饿死。萧衍在诛灭东昏侯、逼死齐和帝后，迷恋上他们的宠妃，经提醒方自拔。后来不近女色，却又迷信佛教，在建康建造了规模宏大的同泰寺，每天早晚到寺里去烧香拜佛。晚年，他先后四次到庙里披袈当和尚，每次都要大臣们凑齐一两亿钱来给他"赎身"。他对百姓严酷，对亲属和士族却极纵容，造成朝纲废弛，爱子叛离要杀他，爱女和弟弟乱伦要杀他，投靠他的军阀还要杀他。

146. 反复无常

侯景性无常，东西魏主防。

投函降瞍虎，应梦纳孤狼。

兵败攻梁狠，台封饿帝狂。

逞凶终遇报，南国换陈皇。

　　侯景是一个反复无常的军阀。他本是东魏的大将，高欢死后带着人马投降了西魏。宇文泰不信任他，他又转投南梁。正巧昏瞍的梁武帝晚上做了一个北朝大臣来降的梦，接到他的降函后喜出望外，欣然接纳。东魏得息，将北上接应的梁将俘虏，把侯景的十万大军消灭得仅剩八百人。侯景竟凭这点人马攻梁，策反讨伐他的梁军将领，杀入建康，将梁武帝关在台城饿死，立了两个傀儡皇帝后又自称汉帝。南梁大将陈霸先起兵灭了侯景，于公元557年建立南陈，是为陈武帝。

147. 后主亡国

陈皇传叔宝，亡国起风涛。

三阁藏千宠，一廷生百笔。

拒言冤劝谏，轻敌陷谋韬。

城破入枯井，惊闻下石嚎。

南陈建朝后，北方多年动乱，使其获得暂时安定，经济渐渐恢复。但是传到第五帝后主陈叔宝，奢朽之风却越刮越烈。陈后主不懂国事，颇会享乐，造起三座豪华楼阁，挑选上千宫女在内为其演唱伴宴。满朝文武多为趋炎附势之徒，出了个敢于劝谏的傅缥也被他杀害了。隋军大举讨伐，他仍夜夜笙歌。公元589年建康陷落，他带两个宠妃匿于枯井，直到隋兵声言投石才让人用绳子吊上来。

第七章

隋唐五代

148. 杨坚建隋

坚在帝身边，如同伴虎眠。

亳州求避险，相府酝翻天。

一统平南北，多招耀后前。

焉知隋命运，二世化秦烟。

公元577年，北周灭掉北齐。周宣帝宇文赟的岳父杨坚立下汗马功劳，却几近被忌杀，感到"身在帝王边，如同伴虎眠"。为了避险保命，他主动要求出藩亳州总管，在宣帝死后回任丞相，于581年夺取政权，建立隋朝（581—618），都长安，是为隋文帝。他相继平西梁、灭南陈、安岭南、击突厥，使分裂数百年的南北方归于统一。他确立三省六部制，颁布科举选官制，大力发展经济文化，"开皇之治"使中国进入盛世。晚年没有选好接班人，使隋也像秦一样二世而亡。

149. 秉公执法

绰曰律天信，焉能儿戏之？

秉公刑罚断，执法脑颅持。

帝命敢违抗，人情善拒辞。

为将来旷救，责己罪三思。

赵绰是隋朝大理寺主官，常讲："律者天下之大信，其可失乎！"他坚持秉公量刑，敢于提着脑袋执法。隋文帝废除了一些残酷的刑罚，但他本人并不完全依律办事，往往一气之下随便下令杀人。赵绰多次冒着生命危险违令改判，刀下留人。大理寺官员来旷为了迎合文帝，诬告赵绰徇私舞弊，文帝查实后不顾赵绰反对下令将其斩首。赵绰骗进宫去，面奏自己有对来旷管束不严、未依法量刑、对帝说谎等三条罪状，求文帝杀他。文帝听了哑然失笑，同意将来旷死刑改判流放。

150. 三幸江都

杨广装恭俭，承欢后与皇。

父危难悔改，兄弑绝更张。

掠尽人间美，耗空天下仓。

江都三幸乱，千古骂隋炀。

　　隋炀帝杨广是隋文帝杨坚与独孤皇后的次子，表面上谦恭节俭，深得父母欢心，以致使他们下决心废了长子杨勇的储君之位，改立杨广为太子。等到独孤皇后死去，文帝病危时才发现杨广品行很坏，但已难以悔改。炀帝即位后，首先逼死杨勇，生活极度放纵，滥用国力从事工程、战争和巡游，造成"天下死于役"的惨象，民不聊生，叛乱四起。公元618年他第三次游幸江都，在兵乱中被叛将宇文化及杀死，隋朝二世而亡。虽然他也做了一些好事，但最终却落得一身骂名。

151. 牛角挂书

杨郎随势反，李密献谋初。

侍殿君瞋目，骑牛角挂书。

东都输下策，瓦寨坐头庐。

翟让得贤助，亡隋可付诸。

　　杨玄感是隋朝开国功臣杨素的长子。隋炀帝两次东征高丽损失惨重，负责运送粮草的杨玄感看到天下已乱，决心顺应时势造反。他请好友李密帮助谋划初战方略。李密是贵族出身，少年时派在宫廷当侍卫，因炀帝看不顺眼而被免职。他回家后发愤读书，经常把《汉书》挂在牛角上边骑边看。这次他给玄感出了上中下三策。玄感选择了下策，于公元613年进攻东都洛阳时兵败身亡。李密被俘后设法逃走，投奔瓦岗寨的农民起义军，深得首领翟让信任，公开打出了反隋旗号。

152. 开仓分粮

瓦岗凝众志，百姓喜相闻。

一将略超主，三雄能冠群。

荥阳隋旅灭，兴洛廪粮分。

让位源真意，忌疑成自焚。

　　瓦岗军反隋济贫，深受百姓拥戴。李密有胆略善谋划，王伯当、单雄信和徐世绩能力出众，吸引了大批人才，队伍很快壮大起来。公元616年，瓦岗军进攻荥阳，正面诱引，纵深伏击，歼灭了隋朝名将张须陀率领的镇压大军。617年，又打下当时最大的粮仓兴洛仓，开仓分粮，百姓雀跃。翟让真心诚意让位给李密，但其部分旧属不服。李密甚为忌疑，设计杀了翟让，内讧使瓦岗军开始自我毁灭。

153. 晋阳兵反

李渊驰晋阳，腹背受锋芒。

突厥侵边境，义军兴四方。

世民陈利害，文静策攻防。

易帜反隋去，长安立大唐。

公元617年，隋炀帝派唐国公李渊驰援晋阳。李渊见起义军越打越多，突厥又趁机犯边，十分焦虑。其子李世民向他分析了利害得失，言明反隋是唯一生路。晋阳县令刘文静建议对突厥设防讲和，集中力量攻隋。李渊采纳了他们的建议，效法农民起义军开仓分粮，得到百姓拥护。在霍邑消灭隋将宋老生的拦击部队后，集中二十多万大军攻进长安，暂立炀帝孙杨侑为帝，是为隋恭帝。直到炀帝在江都被杀，李渊才把恭帝废了，即位称帝，建立唐朝（618—907），是为唐高祖。

154. 围攻东都

李密成亡将，秦王赢众扶。

围城封退路，渡水破援图。

建德溃中虏，世充降后诛。

五年天下定，兄弟却相诬。

李密接受炀帝孙杨侗招抚击败宇文化及，自身也损失惨重，在东都洛阳被隋将王世充打败，率残部降唐，又因不受重用而叛唐，与王伯当一道被李渊杀害。单雄信投靠了王世充，徐世绩、秦叔宝、程咬金、罗士信等先降王世充后投李世民。秦王李世民实力大增，将已称郑帝的王世充围于东都。自立为夏帝的河北义军将领窦建德应求援救王世充，被李世民率唐军主力渡过汜水击败俘虏。王世充降唐，在流放中被杀。公元623年唐朝统一中国，而李世民却遭到兄弟的诬陷。

155. 玄武门变

秦王功绩巨，兄弟欲图谋。

买宠施离间，干杯结毒仇。

东宫抽釜底，玄武锁门楼。

高祖交权退，太宗明治修。

　　秦王李世民为建立唐朝立下赫赫战功，引起哥哥、太子李建成和弟弟、齐王李元吉的妒忌。太子和齐王阴谋除掉秦王，买通唐高祖宠爱的几个妃子，成天在皇帝面前说秦王的坏话，还在请秦王喝酒时下毒。后来又收买、刺杀秦王的爱将尉迟恭，欲将秦王的兵将调归齐王指挥。公元626年7月，秦王在一帮文武英才的帮助下发动玄武门之变，将太子、齐王杀死。高祖被迫宣布太子、齐王有罪，两个月后让位给秦王，自己做太上皇。李世民即位，就是开创贞观之治的唐太宗。

156. 直言敢谏

魏征从太子，曾劝弑秦王。

政变人遭责，神宁品被彰。

直言陈利害，敢谏论兴亡。

明镜溘然失，君能不慨伤？

　　魏征原为太子属下，曾劝其杀害秦王。玄武门之变后，李世民责问他为什么挑拨自己兄弟之间的关系？他神态自若地说，可惜太子没听我的话，要不然也不会发生今天的事了。太宗欣赏他有胆识，将其提拔为谏议大夫。他经常直言陈利害，敢谏论兴亡，提出"兼听则明，偏信则暗"、"君，舟也；民，水也。水能载舟，亦能覆舟"等治世名言。他去世后，太宗流着眼泪说："夫以铜为镜，可以正衣冠；以史为镜，可以知兴替；以人为镜，可以明得失。魏征没，朕亡一镜矣！"

157. 夜袭阴山

太宗初即位，突厥犯长安。

桥上签盟约，殿前教将官。

阴山袭连夜，颉利入囚栏。

仁政赢西北，齐尊天可汗。

　　唐太宗即位不久，东突厥颉利可汗打到离长安不远的渭水边。太宗指挥唐军摆开阵势，亲自骑马隔河责备颉利。颉利表示愿意讲和，在便桥上与唐朝签订盟约后退兵。从此太宗每天在殿前教将士和官员作战，训练出一支精锐之师。公元630年，太宗趁东突厥遭遇天灾与内乱，派李靖、徐世绩等率领十万大军攻下定襄。后又乘其不备，夜袭阴山，致使颉利战败后被俘。太宗不杀俘虏，还让突厥贵族担任都督管理原部落。此举赢得了西北各民族的敬重，齐尊他为"天可汗"。

158. 玄奘取经

陈祎号玄奘，少即佛家郎。

天竺违章去，盘陀变卦妨。

曾遭千劫险，终取百经长。

归觐太宗赞，西游美誉扬。

陈祎法号玄奘，是长安大慈恩寺的和尚，十三岁出家钻研佛学。他发现翻译的佛经错误很多，请求西行取经，未获唐太宗批准，乃于公元629年"冒越宪章，私往天竺"。路遇胡人石盘陀愿意随行，哪知其走了一程就改变主意，甚至想谋害玄奘。玄奘只好将其打发走，单人匹马穿行瀚海沙漠。在高昌王等帮助下，他经历千难万险，进入天竺圣地。645年，他带了六百多部佛经回到长安，受到太宗的接见和赞赏。神话小说《西游记》，使他的取经壮举在中国家喻户晓。

159. 文成公主

文成公主美，敕应吐蕃求。

大相长安请，藏王青海酬。

携书千百卷，播种四十秋。

雪域融灵肉，芳名万古留。

　　文成公主，唐宗室女，聪慧美丽，公元641年奉唐太宗之命，应吐蕃藏王松赞干布之求前往逻些（今拉萨）完婚。松赞干布是统一藏区的英雄，他遣大相禄东赞至长安请婚，经受种种考验促成这桩婚事。松赞干布亲自到青海玛多迎接，谒见唐送亲使、江夏王李道宗，行子婿礼。文成公主携大量有关佛教、农业、医学、酿造、历法的书籍和人才进藏，在吐蕃生活近四十年，促进了藏区经济、文化的发展，增强了汉藏人民的友谊，拉萨至今仍保存着藏人为纪念她而造的塑像。

160. 一代女皇

华夏多男帝，则天唯女皇。

太宗称武媚，李治赐昭娘。

心狠废儿速，才高理国昌。

官民齐劝进，即位振朝纲。

中国历史上的皇帝多为男性，唯有武则天称得上正统的女皇。她十四岁就服侍唐太宗，被御称"武媚"，太宗死后进感业寺为尼。唐高宗李治当太子时就看上了她，登基后将其接进宫中赐封昭仪，做了娘娘。她利用高宗的庸碌无能，运用各种手段除掉情敌和政敌。高宗死后，她连废亲生儿子中宗李显、睿宗李旦的帝位，有力削弱了宗室贵族的势力。她以极高的才华和能力，把国家治理得繁荣昌盛。公元690年，在六万臣民上表劝进下，她即位自称圣神皇帝，改国号为周。

161. 请君入瓮

讨武檄文烈，女皇心不安。

置箱收密信，劳驾见贫寒。

酷吏严刑肆，冤魂错案残。

周凶吹瓮烫，来狡请其钻。

　　徐世绩之孙徐敬业起兵反对武则天临朝称制，骆宾王为其写了《讨武曌檄》。武则天深受震撼，一面派兵镇压，一面鼓励告密。她广置告密信箱，亲自召见访民，包括很多出身贫寒之人。她还重用一批擅长严刑逼供的酷吏，一时冤狱遍地。酷吏周兴、来俊臣在一起喝酒，周兴吹嘘他发明的烤瓮如何厉害，来俊臣如法炮制，拿出武则天说有人告他谋反的密旨"请君入瓮"，周兴跪地招供。来俊臣胃口越来越大，公元697年被武则天侄武承嗣、女太平公主和宰相吉顼等联手告杀。

162. 桃李满门

贤相狄仁杰，武皇尤敬呵。

拒株头撞柱，遭谤口从讹。

荐士两升少，知恩一语多。

满朝桃李灿，老去帝嗟哦。

　　狄仁杰是著名的贤相，武则天对他尤为敬重呵护。来俊臣诬他谋反，他被迫招供。但当有人劝他做假供株连别人时，他撞柱抗拒。武则天放了他，问他为何招供，他说不招就会拷打致死。他对娄师德有些瞧不起，当武则天说是师德力荐他时，他很惭愧。从此他以师德为榜样，大胆荐用治国安邦之才。他向武则天推荐张柬之为"相才"，虽连升两职也不满意，后来张做了宰相。人称他"桃李满门"，他说："荐贤为国，非为私也。"他死后，武则天叹息老天夺走她的"国老"。

163. 不做伪证

女皇迷二郎，魏相被冤伤。

面质邪臣惧，廷传明吏慌。

宋刘申大义，张说效忠良。

伪证遭坚拒，天翻复李唐。

　　狄仁杰死后，魏元忠任宰相。那时武则天宠幸张易之、张昌宗兄弟，人们称之为五郎、六郎。魏元忠不把二张放在眼里，二张就诬告他背后议论女皇。武则天把魏元忠抓起来，要二张与他对质。张昌宗怕辩不过魏元忠，就让张说做伪证，张说思想斗争很激烈。宋璟和刘知几对张说申明大义，使他坚定了效法忠良的决心。当着武则天的面，张说虽遭流放也决不做伪证，保住了名节。公元705年，武则天病重，宰相张柬之等趁机夺取军权，把二张抓起来杀了，迎接唐中宗复位。

164. 姚崇灭蝗

韦后专权乱，隆基夺驾轩。

蝗灾忽临豫，姚相急呈言。

火取收奇效，民安感大恩。

政明兴国运，盛世赞开元。

　　唐中宗让妻子韦后掌权，把朝政弄得混乱不堪。公元710年，中宗疑被韦后和女儿毒死，睿宗之子李隆基起兵杀了韦后母女，拥戴睿宗复位。睿宗后来把皇位让给隆基，年号开元，是为唐玄宗。玄宗一心想恢复太宗的事业，任用姚崇为宰相，整顿朝政。不料一场特大蝗灾突袭河南，许多人主张祈天求神，而姚崇向玄宗急谏用火攻灭蝗，终于将蝗灾扑灭，新帝威信大增。玄宗掌权的前二十多年，重用宋璟、张说、韩休、张九龄等贤相，政治开明，国力强大，史称"开元盛世"。

165. 口蜜腹剑

太平生懈政，帝聩用奸臣。

拍马迎君好，排贤毁国珍。

言甜蜜盈口，心毒剑藏身。

林甫廿年蠹，朝虚唐险沦。

　　唐玄宗做了二十多年太平天子，对政事渐渐懈怠，人也昏聩起来。他受奸臣李林甫挑拨，于公元736年赶走张九龄，重用李为宰相。李林甫不学无术，但精于拍马逢迎，深得玄宗欢心。玄宗把朝政交给他料理，自己在宫中寻欢作乐。李林甫把玄宗和百官隔绝起来，陷害那些有能力、讲真话的贤臣。他当面说好话，背后下毒手，用两面派手法把玄宗看中的人才打压下去，人谓"口蜜腹剑"。他当了近二十年宰相，造成朝乏贤才，腐败横行，唐朝由盛转衰，差点毁于一旦。

166. 李白醉酒

玄宗宠新贵，李白不高攀。

醉酒疏皇礼，吟诗比玉环。

国忠研墨报，力士脱靴还。

终别是非地，缘情水与山。

　　唐玄宗晚年爱上美貌儿媳杨玉环，将她封为贵妃。杨家人飞黄腾达，贵妃堂兄杨国忠还当上宰相。诗仙李白希望获得朝廷任用，但又不愿高攀权贵。一次玄宗召李白为新曲填词，他正喝得大醉，被抬进宫中，对皇帝难行跪拜礼。他作了《霓裳羽衣舞歌》，把杨玉环比作赵飞燕。相传他还让杨国忠研墨，让宦官头子高力士脱靴，以报复他们说李白为其研墨脱靴也不配的侮辱。在贵妃、宠臣的挑拨下，李白遭到玄宗冷落，离开京城，周游天下，写下不少寄情山水的壮丽诗篇。

167. 渔阳鼙鼓

藩镇戍边地，权倾若奈何？

汉臣遭陷害，胡将得升呵。

安氏蓄谋反，玄宗偏信讹。

渔阳鼙鼓震，惊破羽衣歌。

"渔阳鼙鼓动地来，惊破霓裳羽衣曲"，是唐朝诗人白居易对安禄山于渔阳举兵叛唐的描述。唐玄宗在边境地区设立了十个藩镇，其长官叫节度使。节度使集军政财权于一身，立了功还能当宰相。李林甫为了保住相位，对担任此职的汉臣大肆陷害，而对胡将又极力提升呵护。胡人出身的安禄山就这样当上范阳、平卢、河东三镇节度使。他一面密谋反唐，一面骗取信任，拜杨贵妃为干娘，深得玄宗欢心。公元755年，安禄山公开亮出反叛旗帜，多年不打仗的中原立陷混乱。

168. 杲卿骂贼

帝国陷危难，杲卿谋主张。

常山招壮士，井陉夺关防。

河北复唐帜，东都骂贼王。

子仪光弼会，叛阵起惊慌。

安禄山势如破竹，唐王朝岌岌可危。常山太守颜杲卿首先起兵打击叛军。他招募了一千多名壮士，等安禄山打到洛阳后，用计夺取了井陉隘口的关防，河北各郡纷纷恢复唐帜。安禄山只好暂缓攻击长安，派兵回师河北。杲卿虽然打了几个胜仗，但终因寡不敌众，战败被捕。当他被押解洛阳见到安禄山时，不禁破口大骂，直至被割舌杀害。杲卿的抵抗，为唐朝组织反击争取了时间。一个月后，唐将郭子仪、李光弼两路大军会师河北，截断了安禄山的后路，叛军大为惊慌。

169. 马嵬兵变

鬼迷惊祸相，令逼失潼关。

夜熄平安火，日流忧悔潸。

兵围马嵬驿，带乱贵妃鬟。

太子即皇位，玄宗逃蜀山。

就在安禄山陷入被动之时，唐朝内部却闹起矛盾来。宰相杨国忠鬼迷心窍，看到大将哥舒翰守住了潼关，日夜惊恐他回京争夺相位，就不断通过唐玄宗下令，逼迫哥舒翰出战，导致潼关失守。烽火台上的"平安火"熄灭了，玄宗连夜逃离长安，沿途受到臣民指责，流下忧伤懊悔的泪水。出逃第三天，愤怒的士兵杀死杨国忠，包围马嵬驿，逼迫玄宗让人用带子勒死杨贵妃。太子李亨被百姓挽留主持朝政，公元756年在灵武即位，是为唐肃宗。玄宗逃到蜀地成都，当了太上皇。

170. 草人借箭

张巡原县令，国破守孤城。

严处谋降将，高扬抗战旌。

草人奇借箭，勇士巧攻营。

既固雍丘地，睢阳危又行。

　　张巡原为真源县令，招募一千多壮士占领了雍丘。安禄山派降将令狐潮带领四万人马去打他，攻了三百多次也未得手。长安失陷后，郭子仪、李光弼不得不放弃河北，雍丘成为孤城。六名颇有声望的将领劝张巡投降，被他公开处决，坚定了军民抗战到底的决心。他让士兵夜里吊下许多草人，叛军以为唐军来袭，射了几十万箭，全被借用。他又派五百勇士乘夜下城，叛军以为是草人，被打得大败。张巡坚守雍丘一年，连打胜仗。后来接到睢阳告急的文书，又带兵去增援。

171. 坚守睢阳

张巡援许远，坚守睢阳城。

构阵金汤固，摧锋敌骨横。

射蒿酋首辨，断食树皮烹。

力尽饥昏陷，刀前发斥声。

睢阳太守许远请张巡指挥守城。张巡带领六千多将士，构建了坚固城防阵地，击退十三万叛军的进攻，使其横尸两万。叛军复来攻城，张巡又用夜扰晨袭之法杀敌五千。为了辨别酋首，守军射去一支蒿箭。叛军首领尹子奇亲自验箭，被射瞎一眼。守将南霁云借来一千多兵士，入城后也激战几尽。公元757年十月，城中树皮吃光，张巡等三十六名将领全部饿昏被俘，宁死不屈，直到叛军用刀架在脖子上仍痛斥怒骂，英勇就义。张巡等的坚守，使睢阳以南广大地区免遭涂炭。

172. 李泌归山

肃宗求友助，李泌忌高攀。

相位易辞拒，布衣难复还。

运筹襄大业，尽瘁渡艰关。

权重遭谋算，毅然归野山。

　　唐肃宗即位时，亟需一位能统揽全局的贤才相助，他想起好友李泌。李泌自小被宰相张九龄赞为"神童"，长大后唐玄宗要给他封官，他以自己年轻为由推辞。这次肃宗要他做宰相，他又坚决辞拒，只答应以好友身份相助。但他身着布衣回到皇帝身边实在不方便，被肃宗强披紫袍，封为行军长史。他运筹帷幄，辅佐肃宗完成复国大业；鞠躬尽瘁，协助肃宗渡过各种难关。就在大业将成、肃宗宠妃张良娣和宦官李辅国嫌其权重欲除掉他时，他耐心说服肃宗，毅然归隐山野。

173. 邺城之战

庆绪弑亲父，子仪收两京。

邺城居叛首，唐帝调雄兵。

忌重军虚帅，权专宦督缨。

久围师老屈，风骤溃千营。

　　安庆绪将自封燕帝的父亲安禄山杀死，在洛阳登基。唐肃宗不听劝谏，让郭子仪强攻长安，战败后又以金币、人口为代价，让郭向回纥借兵，收复了长安、洛阳，百姓惨遭回纥兵劫掠。安庆绪败逃邺城，突厥族出身的叛将史思明来援。肃宗调遣九个节度使带六十万大军前去进剿，但又忌将权大而不设主帅，派不懂打仗的宦官鱼朝恩专权督战。在鱼干涉下，唐军久围不战，师老势屈。公元759年决战，由于缺乏统一指挥，又遇狂风骤起，九路唐军未阵先乱，一溃千里。

174. 光弼伐叛

光弼斗思明，高扬伐叛旌。

空城难锐旅，严阵布奇兵。

战马拴驹诱，火船缠竹迎。

燕皇三易位，安史乱终平。

　　鱼朝恩把邺城之败的责任推给郭子仪，唐肃宗让契丹族出身的大将李光弼接替郭子仪，成为伐叛主帅。史思明杀安庆绪称帝，率军攻洛阳。面对精锐之敌，李光弼下令把军民撤出洛阳，使敌空城难驻，只好出城。他把主力转移到河阳严阵以待，用拴驹放母之法，将在河边吃草饮水的敌千余匹战马全部诱捕。还让士兵用缠过铁皮的竹竿戳穿火船，大破敌水攻。史思明之子史朝义弑父自立，致大燕皇帝第三次易位，后于公元763年被困自杀，持续八年的安史之乱终告平定。

175. 杜甫咏史

梓州闻乱定，杜甫泪沾襟。

诗富名遐迩，人贫慨古今。

流离愁战祸，颠沛悉民心。

咏史越千载，湘舟绝圣音。

　　安史之乱结束了，困在蜀地梓州的诗人杜甫听到这个消息，热泪沾襟。杜甫出生在没落官僚家庭，从小刻苦读书，长大后游历了不少名山大川，写下许多脍炙人口的诗歌。他生不逢时，先后遭遇奸相忌挤和连年战乱，仕途失意，穷困潦倒。颠沛流离的生活也使他对百姓苦难、民心所向感同身受，写下"三吏"、"三别"等被誉为"诗史"的不朽作品，传诵千古。叛乱平息并未改变他的悲惨命运。公元770年，这位与李白齐名的诗圣，竟因贫病交加，死在湘江的一条小船上。

176. 秀实惩劝

子仪重领兵，智退吐蕃营。

护国父为帅，戍边儿请缨。

郭晞容枉法，秀实拒循情。

惩劝幡然悟，邠州百姓宁。

公元762年，唐代宗李豫即位。不久吐蕃入侵，一直打到长安。代宗逃到陕州，请郭子仪出山护国。子仪临时召募二十名骑兵，虚张声势，吓退敌人。代宗重新封他为副元帅，其子郭晞请命协助邠州节度使白孝德防守。孝德是子仪老部下，郭晞纵容部属枉法欺民，孝德不愿过问。泾州刺史段秀实自请到邠州当都虞候，把郭家酗酒闹事的士兵逮住严惩，郭家将士准备与其拼命。秀实只身一人来到郭营，劝诫郭晞维护郭家名声。郭晞幡然醒悟，整顿军纪，邠州百姓重获安宁。

177. 单骑退敌

怀恩煽两国，联手犯长安。

老帅遵新命，轻兵阻重团。

鞭抽拦马子，气撼领军官。

单骑退回吐，郭公青史刊。

　　唐将仆固怀恩不满朝廷对他的待遇，造谣郭子仪被害，于公元765年煽动回纥、吐蕃联合进犯长安。唐代宗命令正在泾阳前线的郭子仪拒敌，而他手下兵力很少。面对几十万回吐军团的进攻，他一面指挥将士筑阵坚守，一面派出探子侦察敌情。当得知仆固怀恩病死，两军谁也不听谁指挥时，他决定单骑出动，亲赴回营，分化敌人。他扬鞭抽开儿子郭晞的拦马之手，以凛然正气慑服了回纥都督药葛罗。回纥兵不战而屈，吐蕃兵只好撤离，郭子仪单骑退敌的壮举彪炳史册。

178. 真卿不屈

五藩齐叛乱，希烈最凶强。

卢杞设圈套，真卿赴沸汤。

刀横仍镇定，坑掘不惊惶。

大义凛然去，品书千古芳。

安史之乱后，国中遍置节度使，父死子继，自以世袭。唐德宗李适削藩不成，反为其害。公元782年，五个藩镇一起叛乱，数淮西节度使李希烈最强悍。宰相卢杞想借机除掉颜杲卿堂弟颜真卿，建议让他去劝导。真卿深知此行如赴汤蹈火，但毅然领命。他年逾七旬，在平定安史之乱中立有大功。自称楚帝的李希烈让千人举刀相逼，掘坑相胁，点火相吓，还以相位相诱，均未使他屈服。他大义凛然，据理斥叛，壮烈牺牲。他的高尚品格和"颜体"书法，成为后人学习的楷模。

179. 浑瑊李晟

李晟汉人将，浑瑊匈族兵。

泾原军变恶，朱泚脸翻狞。

避乱德宗走，安唐勇士迎。

功成离忌至，藩势宦权倾。

匈奴族出身的将军浑瑊和汉族出身的大将李晟在平叛安唐中立了大功。公元783年，唐德宗命泾原节度使姚令言领兵五千去襄城抗击李希烈，途经长安时嫌朝廷招待不周，发动兵变。他们拥立野心勃勃的太尉朱泚为秦帝，带兵进攻德宗避乱地奉天。浑瑊带领禁卫军赶到，血战一月，杀败朱泚。后来李晟又带领神策军前来护驾，德宗让他收复了长安。叛乱平息后，两位功臣却遭到吐蕃离间和朝廷疑忌，神策军归宦官掌握。藩镇割据问题没有解决，宦官的权力倒越来越大了。

180. 东宫棋手

德宗容宦霸，白望五坊狂。

百姓营生苦，东宫博弈忙。

登基愁帝疾，变革仗臣良。

可惜永贞治，昙花一现殇。

　　唐德宗容忍宦官欺行霸市，看中什么就抢什么，叫做"白望"。还开设替皇帝饲养鸟兽的"五坊"，到处敲榨勒索。百姓的营生被他们害苦了，东宫太子李诵想向父皇告状，被陪读官员王叔文和王伾拦住。王叔文是位好棋手，他们和太子暗研对策，等待时机。不料公元805年太子中风，德宗急病而逝。他们辅佐太子登基，是为顺宗，实行一系列变革，深得民心。可惜不到一年，宦官们以顺宗病重为由，拥立其子李纯即位，是为宪宗。以顺宗年号命名的"永贞革新"遂告失败。

181. 禹锡游观

名归八司马，才比柳宗元。

贬外不知苦，召京方感冤。

三游玄观景，两吐率真言。

禹锡何多难？全因豪气轩。

唐宪宗即位后，支持"二王"改革的八位官员全被贬谪到边远地方当司马，史称"八司马"。善于写诗的刘禹锡与擅长散文的柳宗元都属"八司马"，首次外放朗州、永州就长达十年。他们在那里亲近百姓，吟诗作文，并不觉苦。后被召回长安，刘禹锡看到很多过去看不惯、合不来的人得到重用，心生冤气。他借三次游览玄都观的不同感受，先后写了两首针贬时弊的诗歌，指出"玄都观里桃千树，尽是刘郎去后栽"。有人告他不满，宪宗又将他贬谪，地方更远，时间更长。

182. 居易进京

七月辨无之，六龄吟小诗。

名遭讽居易，卷被赏才奇。

上表忠言谏，挥毫时弊嗤。

天涯几沦落，为众诉含辞。

　　白居易生下六七月能辨认"无""之"两字，五六岁能写短诗，十五六岁到京城长安请教名人。著作郎顾况看了他名帖上的"居易"二字说：长安米贵，居住不易。但读了他的诗卷首篇"离离原上草"又说：能写好诗，住也不难。他名气渐大，被唐宪宗任命为左拾遗，上表忠言直谏，写诗嗤讽时弊。这样就得罪了不少人，先后几次进京又外放，感叹自己与漂泊江湖的琵琶女"同是天涯沦落人"。他写了《琵琶行》、《卖炭翁》等诉说百姓疾苦和心声的诗歌，被誉为"诗王"。

183. 夜袭蔡州

淮西元济立，唐伐败三年。

宰相实征讨，将军虚斡旋。

恳交心透底，奇袭胆包天。

雪夜蔡州破，藩惊气暂蔫。

　　淮西节度使吴少阳死去，他的儿子吴元济自立。唐宪宗发兵讨伐三年，皆以失败告终。很多官员认为不能再打了，唯有宰相裴度力主征讨。朝廷派将军李愬担任唐州等三州节度使，进剿叛军老巢蔡州。他到任后，装出要和平调停的样子，麻痹了敌人。他诚心交结、大胆重用几员俘虏过来的降将，使他们成为平叛骨干。公元817年，李愬雪夜奇袭蔡州，将元济捉拿归案。消息传到河北，使欲反藩镇大为震惊，纷纷表示服从中央政府。唐代藩镇叛乱的局面，总算暂时安定下来。

184. 谏迎佛骨

宪宗迎佛骨，韩愈谏消停。

持戒源非本，迷僧寿减龄。

龙颜闻过怒，臣志尽忠宁。

一载驾崩去，千年正视听。

　　唐宪宗晚年迷恋佛法，听说凤翔法门寺供奉着佛祖释迦牟尼的指骨舍利，每三十年才开放一次，就想用隆重的礼仪把佛骨迎到长安来，让人们顶礼膜拜。善写文章的韩愈给宪宗上了一道奏章，反对这样劳民伤财。他说，佛法中国古代没有，是从西域传进来的。历史上凡是迷信僧说的王朝，寿命都不长。宪宗大怒，经裴度求情才对韩愈免以处死，贬谪潮州。韩愈因讲了真话而心安理得，在潮州为民造福。仅过一年，前明后暗的宪宗被宦官杀害，其子李恒即位，是为唐穆宗。

185. 甘露之变

宦官专废立，皇帝欲收权。

李郑相谋划，王仇互斗煎。

阵风掀幕隐，甘露暴帮穿。

一篑功亏尽，士亡难变天。

　　穆宗以后，唐朝皇帝皆由宦官废立。穆宗长子敬宗李湛在位两年为宦官所杀，敬宗弟文宗李昂想从宦官手中收回大权。宰相李训和大臣郑注为文宗谋划，利用宦官头子王守澄与仇士良的矛盾使之内斗，先除掉王守澄。公元835年，他们制造了禁卫军后院石榴树夜降甘露的假象，想趁仇士良前往核实时将其杀死。哪知阵风吹开了悬挂的布幕，暴露了隐藏的武士。仇士良急退后劫持了文宗，李训和郑注事败被杀。五年后文宗得病死去，仇士良立文宗弟李炎即位，是为唐武宗。

186. 朋党之争

朋党之争烈，犹如雪上霜。

朝官分两派，皇帝策无张。

风水轮流转，李牛相互伤。

乱唐三代政，落日怎回扬？

　　唐朝后期宦官专权，依附宦官的朝官又分成士族和科举出身两个派别，相互倾轧，史称"朋党之争"，对国家的危害犹如雪上加霜。朋党之争始于唐宪宗在位时，考生牛僧孺、李宗闵在答卷中批评了朝政，遭到士族出身的宰相李吉甫的打击。唐文宗即位后，牛僧孺、李宗闵当上宰相，合力打击李吉甫的儿子李德裕。后来李德裕当上宰相，又打击报复牛僧孺他们。李、牛两派闹了四十年，至公元846年武宗叔父唐宣宗李忱即位才终于收场，但唐王朝的衰亡趋势已无法改变。

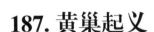

187. 黄巢起义

余晖照晚唐，暮色更凄凉。

父子奢糜帝，祸灾麻沸汤。

冲天香阵透，遍地甲金煌。

若控朱温叛，黄巢改史章。

　　有"小太宗"之称的唐宣宗励精图治，使晚唐呈现一抹盛唐余晖。但好景不长，接替皇位的懿宗李漼、僖宗李儇父子奢糜至极。人祸加天灾，逼迫广大农民走上反抗之路。僖宗即位那年，爆发了王仙芝、黄巢领导的农民起义。黄巢有"冲天香阵透长安，满城尽带黄金甲"的志向，在王仙芝失败后，被众人推举为"冲天大将军"，于公元880年率领六十万大军攻进长安称帝，国号大齐。由于驻守同州的义军大将朱温叛变，又没有建立根据地，黄巢只得撤出严重缺粮的长安，在转战山东时牺牲。

188. 朱温灭唐

藩镇乘机起，朱温势最强。

黄巢信他叛，克用助其伤。

救驾为亡帝，迁都实灭唐。

全忠名可笑，废主即梁皇。

各地藩镇在镇压起义中乘机坐大，以宣武节度使朱温势力最强。朱温原为义军将领，深得黄巢信任，却在关键时刻叛变降唐。后来黄巢将其包围，他向沙陀族出身的河东节度使李克用求救。李打败义军，他却差点把李害死。僖宗弟唐昭宗李晔被宦官软禁，他以救驾为名先杀宦官，后害昭宗，另立十三岁的昭宣帝李柷当傀儡。他强行迁都洛阳，把几十名唐臣杀死扔进黄河。僖宗给他赐名"全忠"，他却于公元907年灭唐自立，改国号为梁，都汴，史称"后梁"，是为后梁太祖。

189. 龙王钱镠

中原五代朝，边国十余遥。

吴越弹丸地，钱镠警枕宵。

置盘防忘事，查哨止潜妖。

水利沿江筑，龙王制海潮。

　　唐朝灭亡后，中国进入五代十国（907—960）时期。五代是指后梁、后唐、后晋、后汉、后周五个依次更替的中原朝廷，十国是指中原之外存在过的前蜀、后蜀、吴、南唐、吴越、闽、楚、南汉、荆南、北汉十个割据政权。吴越是十国中的一个小国，国王是夜里睡觉也要用圆木做"警枕"的钱镠。他在卧室置粉盘，记晚上想的事。亲自查夜哨，防止敌奸混入破坏。他的小心谨慎，换来了稳定繁荣，从而有条件在钱塘江兴修防止海潮倒灌的水利工程，被人们称为"海龙王"。

190. 伶人做官

庙供三支箭，仇燃一颗心。

先赢梁祖毙，继克守光禁。

耶律败边地，唐宫奏凯音。

伶人官位占，存勖死期临。

　　李存勖家庙中供奉着三支箭，那是其父李克用临终前交给他的，要他找朱温、刘仁恭和契丹首领耶律阿保机报仇。他牢记父训，秣马厉兵，把沙陀兵士训练成精锐之旅，先打败后气死梁太祖朱温，又攻破幽州活捉刘仁恭、刘守光父子，还使耶律阿保机的南侵军队大败而归。公元923年，他灭了后梁，统一北方，即位称帝，改国号为唐，都洛阳，史称"后唐"，是为后唐庄宗。从此他沉湎演戏，重用伶人，引起兵变，中箭身亡。李克用养子李嗣源接替其位，是为后唐明宗。

191. 大辽太宗

耶律契丹主，德光承保机。

官分南北面，装别汉胡衣。

许愿封皇帝，挥兵亡晋圻。

反思三失晚，命丧地遭讥。

　　阿保机死后，其子耶律德光在母后述律平支持下，于公元927年即契丹国主位。他将官员分为两面，南面官着汉服以汉制治汉人，北面官着契丹服以契丹制治契丹人。他通过许愿封中原皇帝，先后利用石敬瑭、赵延寿、杜重威等军阀割地易帜，于947年陷汴京，亡后晋，改国号为大辽（916—1125），是为辽太宗。辽军没有后勤，靠掠夺为生，激起人民强烈反抗。太宗反思"三训"，但为时已晚，被迫率军北返，至栾城西北病死，被做成"帝羓"，人们称该地为"杀胡林"。

192. 儿皇敬瑭

河东石敬瑭，千古罪名扬。

恭拜明宗婿，狂为末帝狼。

求辽称父主，讨位做儿皇。

更割燕云地，恨留多代殃。

河东节度使石敬瑭是一个千古罪人。他是同为沙陀族出身的后唐明宗的大将兼女婿，却又是明宗之子后唐末帝李从珂的死敌，后唐最后亡于其手。明宗逝世后，石敬瑭遂生反意，但为末帝所制。为了请契丹出兵帮助自己，他竟称比自己还年轻的耶律德光为父亲。为了讨得耶律德光欢心，从而册封自己为后晋皇帝，他自称"儿皇帝"。特别可恨的是，他为了一己私利，把燕云十六州割让给契丹，使之成为大辽进犯中原的前进基地，给后晋乃至以后几个朝代留下巨大灾难。

193. 后周英主

晋汉连番倒，后周英主轮。

郭柴虽异姓，勇毅胜同人。

太祖开基固，世宗兴业珍。

谁知将遂愿，含泪别凡尘。

后晋高祖石敬瑭嫌洛阳破旧，迁都汴，当了六年"儿皇帝"病死。其养子出帝石重贵即位后对辽称孙不称臣，被辽灭。辽军撤走，出身沙陀族的后晋大将刘知远称帝，改国号为汉，都汴，史称"后汉"，是为后汉高祖。他做了十个月皇帝就死去，其子隐帝刘承祐即位，因忌大将郭威权重，将其家人尽数杀害，激起兵变。公元950年，郭威灭后汉，即帝位，改国号为周，都汴，史称"后周"，是为后周太祖。太祖生性节俭，虚心纳谏，改革弊政，使北方形势好转。954年，太祖死去，其养子、已故柴皇后之侄柴荣即位，是为后周世宗。世宗整军练卒，裁汰冗弱，招抚流亡，减少赋税，使后周政治清明，百姓富庶。他南征北战，西败后蜀，南摧南唐，北破契丹。正当全国即将统一时，他却病倒，英年早逝。

194. 陈桥兵变

柴郎方七岁，国运众惶疑。

宰相非依杖，将军可创基。

陈桥兵帜变，匡胤帝袍披。

大统逢英主，谁人不祝祺？

　　公元959年，七岁的后周恭帝柴宗训即位，朝中人心浮动。因为在武将夺位的五代时期，幼主极少能长大亲政。宰相范质、王溥缺乏辅政的胆识，大将赵匡胤却被认为有开创帝业的基础。他跟随世宗南征北战，立了不少战功，又是禁军统帅。960年春，他领兵戍边，走不多远就"陈桥兵变，黄袍加身"。在半推半就中，他带着易帜的队伍返回京城。他向范质、王溥哭诉身不由己，两位宰相忙下拜称臣。他在众人拥戴下即位，建立宋朝，定都东京汴梁，史称北宋（960—1127），是为宋太祖。恭帝让位，得到善待。人们从中看到战乱就要结束的希望。

中华五千年

第八章

宋元时期

195. 杯酒释兵

太祖宽仁帝，妥安功著员。

只言明要害，杯酒释兵权。

疆吏朝咨命，禁军皇制牵。

可知离卒将，凭何去擎天？

宋太祖宽仁大度，即位后没有像历史上有些开国君主一样大杀功臣，而是妥善安排了那些战功卓著的领兵武员。他向宰相赵普询问五代战乱不断的原因，赵普说毛病就出在武将特别是藩镇权力太大。于是他先后设宴招待功劳大的老将和实力强的藩镇，用"杯酒释兵权"的办法开导他们交出军队安享晚年。他从地方抽调精兵编成禁军由皇帝直接控制，封疆大吏也由朝廷咨政任命。这些措施使国家很快稳定繁荣起来，但兵将分离、重文轻武的政策也埋下了积弱难返的祸根。

196. 亡国绝唱

缘何李煜茫？风雨逼南唐。

改号甘称主，填词淡去皇。

兵临城下醒，使拜帝前凉。

愁似春江水，东流难返乡。

　　南唐后主李煜是作词高手，其词风后由明快变迷茫，因为国家正面临被宋朝灭亡的危险。李煜做词人出类拔萃，当国君却昏庸无能。他将自己降为"江南国主"，并用填词来淡化去掉帝号的痛苦，但这无济于事。公元975年，宋军兵临城下，他如梦方醒，一面派兵抵抗，一面遣使向宋太祖求饶。太祖回答：卧榻之侧，岂容他人鼾睡！李煜肉袒出降，虽受到优待，但难掩亡国思乡之情，写下"问君能有几多愁？恰似一江春水向东流"的千古绝唱，978年被宋太宗赵光义毒杀。

197. 赵普收礼

赵普功勋巨，全凭论语书。

荐才三度少，为相十年余。

收礼藏金露，造房营木储。

察贪皇帝怒，撤职拒情疏。

赵普立了不少大功，被拜为宰相。他文化不高，回家就遵帝嘱关门读书，上朝处理政事总是非常敏快。时间长了，人们发现他读的不过是一部《论语》，说他"半部《论语》治天下"。他敢于坚持己见，有时为了推荐一个人，可以连续三次力谏，直到太祖批准。他为相十年，权力很大，很多人为了升官走他的门路。一次太祖发现吴越王送给他的"海产"坛中竟是藏金，又听说他为了建房违禁在秦陇经营木材，勃然大怒，不顾很多大臣为他上疏说情，坚决撤了他的宰相之职。

198. 烛影斧声

未酬兴国志，太祖命归西。

光义何先捷，昭芳缘后凄?

母言遭诘问，臣述被评批。

烛影斧声说，竟成千古迷。

宋太祖灭了南方五国，尚未统一北方就于公元976年突然病逝，终年五十岁，其弟赵光义即位，是为宋太宗。太宗为何能在太祖猝死时捷足先登? 太祖之子德昭、德芳均已成年，为何未能父死子继，后来一个被逼自杀，一个悄然病死? 史称太祖之母杜太后临终要其兄终弟及，可遗嘱在太宗即位时并未公布。司马光极力为太宗辩解，却也拿不出正式传授的法令依据。野史则说那晚太宗与太祖在宫中一起饮酒，烛影摇，斧声响，后又传出太祖驾崩的消息，使此事成为千古迷案。

199. 杨业无敌

杨业号无敌，抗辽擎大旗。

雁门歼寇震，陈峪恨奸欺。

兵尽将仍战，身亡志未移。

儿孙皆国栋，忠烈世传奇。

杨业外号"杨无敌"，原为北汉老将，归附宋朝后被任命为代州刺史，领兵抗辽。公元980年，辽朝出动十万大军攻打雁门关，杨业带领几百骑兵绕到背后袭击骄狂冒进之敌，大破辽军，威震契丹。986年随军北伐，因监军王侁威逼，主将潘美附和，杨业在知必败的情况下毅然出征，在撤退至约定地点陈家峪时未得伏兵支援大恸，战至士卒伤亡殆尽，坐骑中箭倒地，伤重力竭被擒，绝食三日而死。其子孙在保卫宋朝边境的战争中前赴后继，屡立战功，被誉为"满门忠烈"。

200. 小波起义

川蜀茶农反，义军随小波。

彭城惩污吏，江地杀凶魔。

李顺举王帜，继恩挥帝戈。

成都虽陷落，英气壮山河。

　　川蜀较富裕，宋太祖灭后蜀时纵容将士抢掠，把后蜀贮积的财富运到东京，激起百姓愤恨。太宗即位后，蜀地出产的茶叶、丝帛都被官府垄断，贱买贵卖，激起民变。公元993年，青城茶贩王小波带领百余茶农起义，很快即发展到几万人。他们攻入彭山县城，严惩了大贪官齐元振。又打到叫江原的地方，杀了凶恶的守将张玘。王小波牺牲后，其妻弟李顺指挥义军继续战斗，当了大蜀王。太宗派宦官王继恩带重兵攻入成都，将起义镇压下去，但义军的事迹一直在民间流传。

201. 寇准抗辽

大辽欺弱宋，准劝帝亲征。

进退一人决，存亡全国承。

澶州藏暗弩，敌将毙飞缯。

力减议和损，忠诚价永恒。

宋太宗两次攻辽均告失败，从此改取守势。辽欺宋无能，多次进犯边境。太宗之子真宗赵恒即位后，任用寇准为相。1004年，大辽太后萧绰、圣宗耶律隆绪亲率二十万大军南下，很多宋臣主张弃都逃跑，而寇准以进存退亡之理说服真宗亲征。宋军声威大振，在澶州用弩箭击毙辽军主将萧达兰，萧太后提出索赔议和。真宗不顾寇准反对，遣使以赔款代割地，与辽签下"澶渊之盟"。由于寇准坚持抗战，强嘱使臣将年赔款额由一百万减至三十万，使宋朝避免了更大损失。

202. 西夏雄主

党项李元昊，首称西夏皇。

劝爹谋大宋，挂帅袭甘凉。

三战乾坤定，两交南北防。

可怜昏晚乱，命丧自家郎。

1038年，党项族首领李元昊在西北称帝，国号大夏（1038—1227），建都兴庆，史称"西夏"。元昊的祖父、父亲均对宋称臣，获大量岁赐银绢。元昊曾劝父反宋，未获首肯。后来他带兵突袭回鹘、吐蕃，占领甘凉二地，继承了父业。此时宋朝已是真宗之子宋仁宗赵祯当政，对西夏进行了制裁。元昊领兵与宋军在三川口、好水川、定川碧大战三次，均告捷。他还通过交辽南防宋、交宋北防辽，形成三朝鼎立的格局。晚年他纵情声色，嗜杀成性，夺媳为后，被儿子割鼻致死。

203. 面涅将军

狄青行伍将，抗夏任先锋。

百战从无负，八伤皆为冲。

文粗尤奋发，面涅更优容。

婉拒攀高祖，名垂武德峰。

　　狄青本是禁军的普通士兵，由于武艺高强，被选拔为军官，派到保安去戍边。当时宋军多次被西夏打败，兵畏将愁。狄青主动要求担任先锋，打了大胜仗，被连提四级。他参战数十次，从未打过败仗；受了八次箭伤，均为身先士卒所致。他虽然文化不高，但牢记恩公范仲淹的教导，刻苦读书，大有长进。年轻时脸上被刺字，人称"面涅将军"，宋仁宗要其去掉，他谢恩请留，以勉励士卒。有人劝他认狄仁杰为祖，遭婉拒。仁宗对他的武德给予很高评价，称其为"朕之关张"。

204. 庆历新政

仲淹贫苦郎，庙宇当书房。

武略稳西夏，文韬感圣皇。

面询新政切，利损旧豪慌。

被逼回边地，寄情忧乐章。

范仲淹出生于吴县贫苦人家，少时在庙里读书，学成中第。他先在朝廷当谏官，因触犯权臣遭贬，后被调到陕西抗击西夏，采取"屯田久守"方针稳定了边境局势。宋仁宗欣赏他的才干，于1043年（庆历三年）召其回京，面询摆脱财政、军事两大困境的良策。他知道弊病太多，要一步一步来。但经不住仁宗一再催促，就提出澄清吏治、厉行法治、富国强兵的十条改革措施，仁宗立即予以颁布，史称"庆历新政"。新政想改变宋朝重文轻武、恩养士大夫的祖制，遭到守旧豪贵的强烈反对。仁宗动摇，仲淹被逼返边地，在那里写下著名的《岳阳楼记》。名句"先天下之忧而忧，后天下之乐而乐"，反映了他的高尚情操，被传诵千古。

205. 改革文风

欧阳丧父伢，荻草当毫拿。

拣著知韩愈，研章获御嘉。

西昆华体扫，亭记朴文遐。

荐拔多梁栋，功成八大家。

庐陵欧阳修，四岁丧父，母亲教他从小用荻草秆当笔写字。十岁时，他在一家的废纸篓里拣得破旧的韩愈文集，发现其与流行的文风不同，就刻苦钻研。长大到东京参加考试，所写文章连考三场均得第一，受到朝廷嘉奖。他力倡诗文革新，带头改革文风，使宋初以来词藻华丽、内容空洞的"西昆体"受到重创。1045年他由于为范仲淹说话被贬滁州，写下文风朴实、闻名遐迩的《醉翁亭记》。后来他被宋仁宗召回担任翰林学士，发现和荐拔了曾巩、王安石、苏洵及其子苏轼、苏辙等人才，连同他和他倡学的韩愈、柳宗元，在文学史上被称为"唐宋八大家"。

206. 铁面无私

包拯审冤案，青天传四方。

开封知府任，国法律条扬。

击鼓敞门受，疏河凭矩匡。

无私修铁面，有理得申张。

范仲淹的新政失败以后，北宋政治日益腐败，京城开封的权贵更是贪脏枉法成风。宋仁宗想整顿秩序，就把包拯调进京城。包拯是合肥人，早年做过几任地方官，因善审冤案，被百姓称为"包青天"而名扬四方。就任开封知府后，他大力彰扬国法律条。规定百姓告状，可以到府前击鼓，府衙必须闻声开门，受理审案，这就切断了衙吏索贿的门路。有一年开封发大水，经查是一些宦官豪贵侵占河道所致，就下令拆除违规建筑。包拯心底无私，才敢铁面执法，百姓有理得到申张，开封社会风气有所好转。人们把他的故事写进小说，搬上舞台，世代传颂。

207. 熙宁变法

神宗思振势，安石调京城。

治国更新法，遵行用后生。

青苗赊定息，保甲练丁兵。

豪贵齐声讨，帝摇辞表呈。

　　宋仁宗在位四十年，虽然用过像范仲淹、包拯那样的正直之臣，但由于不敢改革，朝政积重难返。其继子英宗赵曙即位四年病死，二十岁的太子赵顼登基，是为宋神宗。神宗想重振国势，将主张改革的王安石由江宁知府调回京城任相。王安石是临川人，年轻时因文章出色得欧阳修赏识。他向神宗提出用新法治国、用新人推行的主张，颁布由政府赊粮予民收取一定利息的青苗法、两丁以上家庭抽一训练民兵的保甲法等系列改革措施，对增强国家实力、减轻农民负担发挥了积极作用。变法始于1069年（熙宁二年），史称"熙宁变法"。变法触犯了大地主的利益，遭到许多豪贵反对，神宗开始动摇。王安石被迫辞去相职，返回江宁。

208. 科学大家

沈括大家范，使辽如有神。

观天推位准，测地制图珍。

治水诸多域，称油第一人。

梦溪修巨著，活字发明陈。

　　沈括是中国历史上最伟大的科学家之一，也是北宋出色的政治家、外交家和卓越的工程师。他出生于钱塘，早年参与王安石变法。1075年他出使辽国，以学识和事实驳斥对方争地要求，使其罢休。他精通天文、历法、数学，担任司天监时连续三月观察天象，终于推算出北极星的正确位置。他将暗测的辽国地形制作成地图和模型，花了十二年心血测绘了当时最准确的《天下郡国图》。他任地方官时在多地兴修水利，治理水患。他最早称洧水为石油，延用至今。晚年他闲居润州梦溪园，将一生研究成果写成科学巨著《梦溪笔谈》。书中详细陈述了中国四大发明之一的活字印刷术是当时一位老工匠毕昇发明的，留下宝贵史料。

209. 资治通鉴

史界两司马，迁辉又耀光。

砸缸同伴救，守旧友人伤。

廿载青灯苦，千秋蓝本芳。

兴衰通鉴考，得失古今量。

古人有"史界两司马"之说，指的是自西汉司马迁写出灿烂辉煌的《史记》以后，北宋的司马光又编纂了光彩耀人的《资治通鉴》。司马光是夏县人，七岁砸缸救友使他自小声名远扬。他历仕四朝，因反对好友王安石搞改革而辞职回家。从此他关门修史，夜以继日，带领弟子花了十九年时间，于1084年完成中国第一部编年体通史，记载了从战国到五代十六个朝代一千三百六十二年的历史，"使后世有欲著通史者，势不能不据以为蓝本"。宋神宗不信司马光的政治主张，但对他编书十分支持，亲自为这本书起名《资治通鉴》。"资治"指能帮助皇帝治理天下，"鉴"是镜子。历代统治者都十分重视此书，因为它能"鉴前世之兴衰，考当今之得失"。

210. 东坡居士

苏轼贬黄州，乌台冤案由。

东坡居士诩，赤壁壮怀酬。

文赋惊天下，诗词贯斗牛。

时人争一见，千古美名留。

苏轼是蜀地眉山人，因文采出众与其父苏洵、弟苏辙被合称为"三苏"。王安石变法时，他主动要求外调，先后当过杭州、湖州等地的刺史，做了不少对百姓有益的事情。他写过一些讽刺豪强的诗词，在乌台诗案中被诬下狱百日，差点送命。后被贬为黄州团练副使，带领家人在东山坡上盖房种地，自诩"东坡居士"。他寄情山水，写下《赤壁赋》、《念奴娇·赤壁怀古》等千古名作。他是宋代文学最高成就的代表，其文、赋、诗、词均开一代新风，才华享誉南北。而政治上他却因为"不合时宜"，使激进的新党和保守的旧党均感蒙羞，从而屡遭打击。晚年他被宋神宗之子哲宗赵煦发配至海南儋州等地，1101年于北归途中卒于常州。

211. 传世名画

清明择端奋，精绘上河图。

北宋国情记，东京民俗摹。

人兴今古最，财旺普天无。

可惜徽宗误，朝亡成废都。

　　清明上河是宋代东京的民间风俗，人们沿汴河两岸赶集上街参加各种商贸活动，北宋著名画家张择端将其绘制成传世名画《清明上河图》。该画为五米多的长卷，大致分为郊外春光、汴河场景、城内街市三部分，共描绘各色人物八百多个，牲畜七十多匹，车轿二十多辆，船只近三十艘，以及大量各具特色的房屋、桥梁、城楼等，是对北宋国情的忠实记载，对东京民俗的逼真临摹。北宋经过一百多年的繁荣发展，人口与经济总量均达各朝和世界第一。但长期实行重文轻武政策，埋下积弱难返的祸根。画中有一个武官，刀由卒拿，马由侠牵，养尊处优，传递了一种不祥信号。宋哲宗死后，其弟徽宗赵佶即位。是他第一个题字收藏了《清明上河图》，却把国家推向灭亡，使东京沦为废都，画中的繁华景象一去不复返。

212. 水浒传奇

徽宗原浪子，即位被魔降。

童贯贪欺世，蔡京邪乱邦。

民憎花石扰，官惧党碑扛。

水浒传奇起，人心思宋江。

宋徽宗原为浪荡子，登基后被一帮妖魔般的奸臣降服。善于迎合的宦官童贯，以徽宗名义在外面贪赃枉法，欺世盗名。靠贿赂起家的宰相蔡京，打着变法旗号盘剥百姓，取悦徽宗。他们与高俅等"六贼"专权用事，派人为徽宗搜集书画珍宝，待其玩腻了又去搜刮奇花异石，大办"花石纲"，人工和费用均摊到百姓头上。被征花石的人家，往往被闹得倾家荡产。还操纵徽宗立"党人碑"，把正直的官员一律称作奸党，名刻碑上。这些倒行逆施引发社会动乱，1119年宋江等三十六人从河北起兵，在青州、齐州、濮州流动作战，梁山泊渔民乘势起义。人们将其故事加工成《水浒》传奇，盼望有宋江那样的"及时雨"替天行道，为民除害。

213. 方腊起义

青溪花石多，勒索更严苛。

方腊擎旗吼，贫民振臂歌。

翻天情迫切，覆地势嵯峨。

童贯施奸计，英雄悔止戈。

　　蔡京、童贯为了讨好宋徽宗，派二流子朱勔在苏州设"应奉局"搜罗花石，残酷盘剥江浙一带的人民。睦州青溪出产的花石多，百姓遭受的勒索也最重。1120年，当地有个漆园主人方腊把几百名苦大仇深的贫民召集起来，打着杀朱勔的旗号举行起义。没到十天，起义军就聚集了几万人马，接连攻下几十座县城，很快打到杭州。徽宗急忙派童贯带领十五万官军前去镇压。童贯见民愤太大，就以徽宗名义下诏撤销应奉局，罢免朱勔职。义军和百姓感到出了气，放松了警惕。童贯发动突然袭击，在收买的奸细配合下打败义军。方腊被俘遇害，起义遂告失败。

214. 大金太祖

女真阿骨打，头宴露锋芒。

拒舞羞天祚，建金称祖皇。

灭辽摧腐朽，联宋察窝囊。

马踏燕京地，心驰到汴梁。

辽朝经过几次内乱，逐渐衰落。东北女真族不满契丹贵族的统治压榨，产生了强烈的反辽情绪。一年春天，辽天祚帝耶律延禧在春州用最早捕到的鱼举行头鱼宴，让赴宴的女真各部酋长跳舞助兴。年轻的完颜阿骨打就是不从，使天祚帝受到羞辱。后来，阿骨打统一女真各部正式称帝，国号大金，是为金太祖。金兵人数不多，但战斗力很强，以摧枯拉朽之势将前来镇压的七十万辽军打败。宋徽宗派人与金朝签约，以将每年给辽的五十万岁币转付给金为条件联金攻辽。1122年，金兵接连攻占辽朝四京，而童贯却未能按约打下燕京，只得以年付一百万贯租税钱为代价请金兵打下燕京。金兵看到宋军软弱无能，灭辽后把矛头指向宋朝。

215. 李纲守京

金兵攻汴梁，宋帝变双皇。

昏父南逃快，庸儿北望慌。

奸臣谋弃守，志士主坚防。

京固完颜惧，人皆赞李纲。

阿骨打死后，其弟完颜晟（吴乞买）即位，是为金太宗。1125年，他派宗望（斡离不）、宗翰（粘罕）分率东西两路金兵攻宋，东路军拿下燕京后直逼东京。宋廷一派慌乱，徽宗当了太上皇，南逃亳州避难。太子赵桓即位，年号靖康，是为宋钦宗。他也不比其父强多少，看到宋军在北线连打败仗，感到束手无策。满朝文武多无斗志，宰相白时中、李邦彦劝说钦宗弃城逃跑，只有太常少卿李纲力主抵抗金兵。经过一番激烈斗争，钦宗升李纲为尚书右丞，负责东京防务。李纲率领军民及时完成防御部署，亲自登城督战，指挥敢死队二千人用挠钩和石块粉碎了金兵几十条火船的攻击，完颜宗望不敢再攻。李纲坚决抗战，威震四方。

216. 学子请愿

忠臣遭撤职，学子聚皇门。

曾遂弑奸愿，今申仗义言。

李纲重挂帅，宋阵再凝魂。

宗望闻风去，军民豪气轩。

完颜宗望提出十分苛刻的议和条件，除了要求赔偿大量钱财外，还要割让太原等三镇土地，宋皇尊金帝为伯父，宋朝派亲王、宰相到金营做人质。李纲和援军大将种师道等竭力反对接受这些丧权辱国的条件，被投降派大臣操纵宋钦宗借故将他们撤职。东京全城为之震动，太学生们更是群情激昂，拥到皇宫门外请愿。他们曾联名上书，迫使钦宗杀了童贯等"六贼"。这次他们又逼钦宗让李纲等复职，重新挂帅守城，宋阵又出现了同仇敌忾坚决抗金的局面。宗望见此情景，不等宋朝交足赔款就匆忙撤退。东京军民再一次显示了团结抗战的力量，士气大振。

217. 靖康奇耻

金兵方撤走，宋主又昏头。

南接太皇返，北将名帅休。

晋阳忠烈尽，汴水赖徒求。

二帝皆遭掳，靖康奇耻留。

金兵刚刚撤走，宋钦宗就被胜利冲昏头脑。他从南方把太上皇宋徽宗接回，将李纲排挤到河北去指挥战事。李纲名义上是统帅，但调动不了直属朝廷的兵马，打了败仗，又被钦宗撤职。金太宗命令宗翰、宗望再攻宋都。古称晋阳的太原城被宗翰的西路金兵围攻八个月，粮断援绝后失守，宋将王禀投水自尽。守卫黄河的十三万宋军不战自溃，汴水之滨的东京仅剩三万禁军。钦宗和投降派大臣寄希望于割地求和，命令前来增援的各路宋军退回原地。宗翰、宗望兵临城下，钦宗竟求无赖之徒郭京作法破敌，被打得大败，只好两赴金营乞降，受尽羞辱。1127年，宗翰、宗望俘虏了徽宗、钦宗二帝和大量赵氏皇族、后宫妃嫔与贵卿朝臣等三千余人，连同掠夺的巨额财物北返金国，史称"靖康之耻"，北宋宣告灭亡。

218. 三呼过河

宗泽七旬将，抗金驰北方。

十余征尽胜，百倍敌能当。

单骑交王善，连珠卫汴梁。

三呼过河急，遗恨未除狼。

北宋灭亡后，钦宗之弟赵构在时称南京的商丘即位，建立南宋（1127—1279），是为宋高宗。在舆论压力下，高宗不得不把李纲召回担任宰相。李纲提出许多抗金对策，特别建议重用宗泽，收复东京。宗泽是位年过七旬的老将，一直坚持在北方抗击金兵，曾领军一连打了十三次胜仗，以一当百孤军击败强敌。这次他被任命为开封府知府，重占刚遭金兵蹂躏的故都。为了壮大抗金力量，他单骑前往河东，说服拥有七十万义军的王善，联络各路义军沿黄河修筑"连珠寨"，挫败金将完颜兀术（宗弼）对东京汴梁的进攻。他连写二十几道奏章，请高宗乘胜回东京主持抗金大业，都未准奏，气引疮发，临死前连呼三声"过河"才阖上眼睛。朝廷派杜充做东京留守，废除了宗泽的防守措施。没多久，中原又落到金兵手里。

219. 才女清照

清照奇才女，明诚太学郎。

和谐胜琴瑟，爱好共铭章。

国破连家难，夫亡接物殃。

词风随运变，婉约转悲昂。

两宋之交，齐州出了个"千古第一才女"李清照。她生于书香门第，其父李格非藏书甚丰，使之从小就打牢了文学基础。长大后，她成为著名的女词人，提出词"别是一家"之说，反对以作诗文之法作词。其夫赵明诚是太学生出身，婚后夫妇俩琴瑟和谐，收藏金石书画是他们的共同爱好。金兵残暴掠夺，朝廷腐朽昏庸，给国家、人民带来说不尽的苦难，李清照也遭受了家破人亡的痛苦：丈夫在颠沛流离中病逝，收集几十年的大量文物丢失殆尽。她悲痛欲绝，词风也随着命运的变化由婉约转悲昂。她也能诗，在《夏日绝句》中表达了对南宋统治者渡江南逃的强烈不满："生当作人杰，死亦为鬼雄。至今思项羽，不肯过江东。"

220. 世忠守江

金兵南下远，强盗北归难。

兀术求生渡，世忠凭险拦。

黄天荡迷路，红玉鼓封滩。

可恨汉奸贱，无缘卸敌鞍。

　　金兵南下至明州海边，宋高宗乘船逃生。1130年，兀术带领十万金兵押着抢劫的财物北撤，至镇江附近遇到宋将韩世忠的拦击。韩世忠是宗泽的老部下，战功卓著，还救过高宗的命，与岳飞、张俊、刘光世合称"中兴四将"。这次他以八千兵马凭借长江天险固守，差点在金山生擒来看地形的兀术。兀术在决战中吃了败仗，只好以把抢来的财物和带来的名马交给宋军为条件，请求让其渡江，遭到韩世忠拒绝，被迫乘船逃入"死港"黄天荡。韩世忠夫人梁红玉是个有见识、懂武艺的女将，作战时在江船上亲自擂鼓激励士气，传递号令。可恨当时出了几个汉奸，在兀术重赏下多次为其支招，使陷入绝境的金兵得以逃脱覆灭的命运。

221. 岳飞抗金

母刺尽忠字，师传报国功。

投戎三次义，杀敌百回雄。

护卒胜儿抚，爱民如父崇。

岳飞军势壮，高唱满江红。

韩世忠从江上拦击北撤金兵时，岳飞在陆上与其协同作战，收复了建康。岳飞字鹏举，出生于汤阴一户贫苦人家，从小爱读书研兵，母亲曾在他背上刺下"尽忠报国"四字。他拜周侗老人为师，练得一身好武艺。自二十岁起，他先后三次投戎征辽抗金，受到宗泽器重。他领军同金兵进行了大小数百次战斗，所向披靡，成为南宋最杰出的统帅。他爱兵如子，爱民如父，带出的军队"冻死不拆屋，饿死不掳掠"，战斗力极强。金兵哀叹"撼山易，撼岳家军难"。1140年，金兵又毁约攻宋。岳飞挥师北伐，收复郑州、洛阳等地，于郾城、颍昌大败兀术，进军朱仙镇。他作的《满江红》唱遍南北，"待从头收拾旧山河"的抱负就要实现。

222. 绍兴和议

金牌十二催，鹏举泪涟回。

兀术弹冠庆，难民随影追。

中原地重失，辱国款加赔。

秦桧真奸佞，高宗尤罪魁。

宋军朱仙镇大捷后，东京金兵势危。兀术暗中联络从俘虏中派遣回去、已任南宋宰相的秦桧帮助金兵摆脱困境。秦桧唆使宋高宗连下十二道金牌，逼迫岳飞撤军。岳飞气得泪流满面，哀叹："十年之功，废于一旦！"兀术闻讯大喜。沿途百姓十分震惊，拦住岳飞马头痛哭，许多难民追随岳家军南下。金兵重整旗鼓向南进攻，岳飞收复的许多中原州县又被其重新占领。1141年（绍兴十一年），南宋被迫与金朝达成"绍兴和议"，规定宋向金称臣，割让淮河以北大片土地，每年向金进贡银绢各二十五万。造成这种丧权辱国的局面，秦桧的奸佞卖国当然是重要原因，但罪魁祸首是宋高宗。他担心岳飞功高势大难以控制，又怕金被打败放回钦宗自己退位，于是在胜利在望时下令撤军，断送了抗金斗争的大好形势。

223. 莫须有罪

奸相本金奴，欲将飞命图。

唆徒告谋反，结党搞栽诬。

证据莫须有，人心笃定无。

岳王昂首坐，四贼永低匍。

绍兴和议后，兀术对岳飞仍不放心，密示秦桧设法除之。接到密函，秦桧勾结万俟卨捏造了岳飞许多"罪名"告到朝廷，又发动一批同党上奏攻击岳飞。还利用张俊对岳飞的妒忌，动员其唆使岳家军部将王贵、王俊诬告张宪协助岳飞父子"谋反"。秦桧据此奏请宋高宗，逮捕了岳飞及其儿子岳云和部属张宪。三人受尽酷刑，拒不承认。老将韩世忠责问秦桧凭什么说岳飞父子"谋反"？秦桧说"莫须有"。韩世忠怒斥："莫须有"三字，怎能叫天下人心服！秦桧老婆王氏以"缚虎容易放虎难"煽动丈夫，于1142年杀害了岳飞等三人。高宗死后，岳飞被平反昭雪，后追封鄂王。人们在西湖边上修建岳庙，全身戎装的岳飞塑像端坐其间，秦桧、王氏、万俟卨、张俊"四贼"的生铁铸像绑跪岳飞墓前任人责打。

224. 洞庭怒涛

金兵刚抢掠，宋卒又摧残。

钟相揭竿起，杨么据水拦。

免除民役赋，拒绝伪招安。

涛怒洞庭壮，不平须已端。

南宋王朝对金朝屈膝求和，对人民加重剥削，引起普遍不满。1130年，攻占潭州的金兵抢掠一阵刚走，被金兵击溃的宋军败兵残卒又前来趁火打劫。当地百姓忍无可忍，在武陵人钟相号召下举行起义。不出一个月，起义军就占领十九个县。钟相牺牲后，义军又推举杨么当首领，依托洞庭湖建立船队，拦击围剿宋军。杨么宣布免除百姓一切劳役和赋税，人民生活出现兴旺气象，义军队伍越来越壮大。金朝扶持的伪齐政权派人招安义军共同攻宋，被杨么拒绝并斩杀。1135年，宋高宗派宰相张浚亲自督战，又从抗金前线抽回岳飞参战。由于义军将领有人动摇叛变，大寨被官军攻破，杨么被俘后遭到杀害，坚持六年的起义终于失败。

225. 书生退敌

书生虞允文，退敌世余芬。

采石凝兵志，镇江惊寇闻。

将军非命定，谋士岂天分?

爱国出奇策，为民行虎贲。

南宋虞允文书生退敌，创造了传颂千古的战争奇迹。绍兴和议后，宋金之间二十年未战。宋高宗和投降派大臣偏安江南，过着纸醉金迷的生活。在此期间，金朝发生内讧，完颜亮杀死金熙宗完颜亶自立为帝，迁都燕京，史称海陵王。1160年，宋中书舍人虞允文使金，见其大举运粮造船，归请加强防御，未获准。次年，海陵王亲率六十万大军南下攻宋。防守江北的宋军主帅刘锜生病，副帅王权闻风逃跑，接替指挥的李显忠尚未到位。负责督战的宰相叶义问不敢上前线，另派虞允文去慰劳将士。虞允文到采石后，见三军无主，而海陵王正拟渡江，遂毅然督战，大破金兵。海陵王移兵扬州，虞允文又赶赴镇江，协助病中的刘锜加强防务。被震慑的金兵杀了以处死逼迫过江的海陵王，退兵求和。金世宗完颜雍宣布即位。

226. 朱熹治学

四岁问天附，一生求理殊。

辞官专治学，逃佛志归儒。

孔孟文章注，帝王师道铺。

何提灭人欲？熹本戒贪图。

　　朱熹籍贯徽州婺源，南宋著名理学家，儒学宗师，是唯一非孔子亲传弟子而享祀孔庙的人。他从小聪颖好学，四岁时问父："天之上何物？"他一生追求万物之"理"，倡导"格物"而"致知"。他曾多次辞官，一心治学。早年曾迷恋佛道，后"逃佛归儒"，拜李侗为师，人们把程颢、程颐和他创立的学问合称"程朱理学"。他辑定《大学》《中庸》《论语》《孟子》为四书，所撰《四书章句集注》成为封建社会最重要的经典著作。他主张抗金，曾为宋宁宗讲学，想探索通过匡正君德来限制君权滥用的帝王师道。他于1200年病逝，其学说后来成为中国的官学，还远播东南亚和欧美。他"存天理，灭人欲"的思想受到后人批判，但也有人替他鸣冤，认为朱熹本意是要人戒除贪图享受的天性，后来被统治阶级篡改了。

227. 弃疾惩叛

词龙辛弃疾，从小志雄奇。

起义反盘剥，寻凶惩叛离。

挑灯醉看剑，吹角梦驱夷。

未了北图事，堪怜白发欺。

　　辛弃疾是南宋豪放派词人和主战派将领，人称词中之龙。他出生在沦陷于金朝的济南，从小听祖父辛赞讲述北宋灭亡的惨痛历史，立下要实现祖国统一的雄心壮志。海陵王大举南下时，他参加了耿京领导的反抗金朝残酷剥削的农民起义，负责掌管大印。他引荐的义端和尚偷印投金，被他快马追上斩首索印。他协助义军总提领贾瑞前往南宋联络抗金，返回时发现叛徒张安国杀害耿京降金，遂闯营将其捉拿治罪。由于他坚决主张抗金，与南宋的主和派格格不入，四十二岁即被迫退休。直至1207年逝世，他念念不忘带兵北伐，"醉里挑灯看剑，梦回吹角连营"，但"可怜白发生"，终究壮志未酬。他词风雄健豪迈，与苏轼合称"苏辛"；字幼安，与号易安居士的李清照并称"济南二安"。

228. 陆游留诗

少小睹金劫，长成担国忧。

从戎书檄诏，主战罢闲楼。

割爱情难断，放翁心未休。

留诗九千首，最盼复神州。

　　陆游是与苏轼齐名的南宋文学家和爱国诗人，越州山阴人。他从小目睹金兵对江南的浩劫，长大后更为国家的安全统一担忧。宋高宗时，他饱受奸相秦桧打击。高宗养子、太祖七世孙宋孝宗赵昚任用张浚带兵北伐，陆游随军协助并代草檄诏。张浚失利遭排挤，陆游也被罢官回乡。他初娶表妹唐琬为妻，后被迫分离，为此写下连呼三"错"的《钗头凤》。他一生壮志未酬，常借酒浇愁，被人讥为颓放，他索性自称"放翁"。他留诗九千多首，内容极为丰富。1206年，孝宗之孙、光宗之子宋宁宗赵扩的宰相韩侂胄主持北伐失败，被主和派斩首献金，他更加感到国家统一无望。1210年，八十六岁的陆游病重，临终念了最后一首诗《示儿》："死去原知万事空，但悲不见九州同。王师北定中原日，家祭无忘告乃翁。"

229. 成吉思汗

女真南面朽，蒙古北方兴。

斡难推强首，草原归巨鹰。

西征临黑海，东伐望洋冰。

嘱子须联宋，亡金掘夏陵。

随着女真贵族的腐朽没落，北方的蒙古族趁机强大起来。1206年，蒙古各部落首领在斡难河边举行盛大集会，公推铁木真做全蒙古的大汗，尊称成吉思汗。铁木真是蒙古孛儿只斤部酋长也速该的儿子，祖先俺巴孩被金熙宗杀害，九岁时父亲又被塔塔儿部毒死。他在流浪中长大，重聚散落的部族，通过多次兼并战争，统一了蒙古各部。此后多次发动对外战争，征服地域东达朝鲜半岛，西抵黑海海滨，成为世界史上杰出的政治家、军事家，被称为"一代天骄"。1227年在征伐西夏时去世，后被追尊为元太祖。临终前，他嘱咐接替汗位的儿子窝阔台等要亡夏联宋借道灭金。窝阔台按照他的遗嘱，沦陷西夏全境，还在其王陵附近挖地三尺。后又向南宋借路，包围金都开封。1234年，金朝在蒙、宋两军夹攻下灭亡。

230. 似道误国

贾妃携似道，受宠宋三皇。

讨巧邀功巨，隔离欺圣狂。

朝中无宰相，湖上有平章。

误国人皆谴，公田何主张？

蒙宋联合灭金后，南宋乘势收复河南一带故土，被窝阔台视为破坏协议，发起对宋战争。窝阔台死后，皇权几经波折。其侄蒙哥即汗位后，于1258年分兵三路进攻南宋。宋理宗赵昀派宰相贾似道到汉阳督战。贾似道是靠其姐贾妃的关系上台的，以讨巧弄权取得理宗及其子孙三代皇帝的宠信。这次他许诺割土赔银向蒙哥之弟忽必烈求和，忽必烈撤军后他又隐瞒真相，以胜仗报功。忽必烈即汗位后，以南宋违诺为名大举伐宋，建立元朝（1271—1368）。贾似道对宋度宗赵禥封锁消息，成天在西湖别墅寻欢作乐，被讥为"朝中无宰相，湖上有平章"。直到襄阳失守，他被迫于1275年带兵出师应战，被元军大败于丁家洲，遭贬谪，行至漳州木棉庵被杀。有人认为史书对他的评价不够客观，系他推行公田善举得罪大地主阶级所致。

231. 天祥起兵

元骑逼临安，宋廷呼救銮。

天祥起兵切，孤旅转圜难。

受命潭渊赴，申言牌底摊。

回营遭误解，报国拒心寒。

元朝铁骑逼近临安，宋恭宗赵㬎才四岁，其祖母谢太后诏告各地起兵救驾，只有赣州州官文天祥和郢州守将张世杰响应。文天祥是庐陵人，二十岁中状元，因得罪贾似道，三十七岁被迫退休，直到大厦将倾，才被重新起用。他招募了三万人马，转战至临安，与张世杰力主守城。谢太后未准，派人去元营求和，元军统帅、丞相伯颜要南宋丞相去谈判。此时南宋的左右丞相留梦炎、陈宜中都逃跑了，谢太后任命文天祥为右丞相去谈判。文天祥见了伯颜，严正谴责元朝的侵略行径，表示若元灭宋，将率领军民死战到底。伯颜将他扣留，谢太后改任贾余庆为右丞相去元营乞降。1276年，元军占领临安，把出降的宋恭宗当作俘虏送往大都。文天祥乘隙逃回宋营，被误解投敌，险遭捕杀。他未气馁，继续寻机抗战。

232. 死守厓山

四臣撑末宋，两幼即危皇。

陈相登船去，秀夫驮主亡。

天祥征险地，世杰战汪洋。

死守厓山失，今追犹感伤。

宋恭宗被俘后，其兄、九岁的赵昰与六岁的赵昺在皇族和大臣陆秀夫护送下逃到福州。陆秀夫找到张世杰、陈宜中，三人拥立赵昰即位，是为宋端宗。文天祥闻讯赶来，四位大臣支撑着末宋政局。文天祥建议从海路进攻元军，收复两浙，未获陈宜中同意。只好改变主意，招募人马，进军江西，在各地义军配合下，收复许多县城。后遭元军突袭，兵败被捕。元军进攻福州，陈宜中乘船出逃海外，张世杰、陆秀夫保护端宗从海路向广东转移。端宗被飓风惊，得病而死。二臣又拥立赵昺即位，随水军转移到南海湾里的厓山，是为宋怀宗。元军派人劝降张世杰，得到"宁丢脑装，决不变节"的答复。1279年，元军攻破宋军水阵，陆秀夫背着怀宗跳海自尽，张世杰战至船覆而亡，厓山十万军民投海殉国，南宋灭亡。

233. 正气壮歌

怒斥投降鄙，泣言亡国殇。

博罗威不屈，世祖礼难茫。

气正歌方壮，时穷节乃彰。

戴镣南拜别，千古颂天祥。

　　文天祥被捕后，元将张弘范以宾客之礼见他，要他写信招降张世杰，他写了《过零丁洋》应对，"人生自古谁无死，留取丹心照汗青"就是这首诗的尾联。元军灭宋后，张弘范请他赴宴，他泣曰：国亡不能救，作为臣子，死有余罪，怎敢怀有二心苟且偷生呢？张弘范感其仁义，派人护送他到大都。元朝丞相博罗安排他住上等宾馆，用美酒好菜招待他，又派投降的留梦炎去劝降，被他怒斥而溜。博罗见软的不行，又来硬的，但他宁死不屈，在阴湿的土牢里被关了三年。直到元世祖忽必烈亲自和颜悦色以当丞相为条件诱降他，他也未动摇迷茫。他在牢中写下传颂千古的《正气歌》，赞美历史上的忠臣义士"时穷节乃见，一一垂丹青"。1283年，四十七岁的文天祥戴着镣铐，在京城柴市刑场上向南拜别，从容就义。

234. 守敬修历

邢州守敬郎，学博辅元皇。

西凿渠浇水，东开河运粮。

制仪观宇准，修历授时详。

早诞年三百，未差分半长。

    元世祖注重使用汉族人才，其称帝改元就是听了汉族谋士刘秉忠的建议。刘秉忠还向世祖引荐了一些朋友、学生，其中就有著名科学家郭守敬。郭守敬是邢州人，受祖父郭荣影响，从小就对科学产生浓厚兴趣。他用掌握的科学知识辅佐世祖治国，在整治北方水利后，又奉命去西夏疏浚渠道，使那里饱受战乱破坏的九百多万亩农田灌溉畅达，粮食丰收。世祖还让他加强大都的交通，他经过勘测设计，不但修通原有运河，还新开一条通惠河，使江南到大都漕运粮食的水路运输畅通无阻。为了完成统一南北历法的使命，他制造了精度更好的观测仪器，在全国设立了二十七个测点，于1280年制订出《授时历》。他算出一年有365.2425天，与公历的周期相同，但比其早诞生三百多年，误差不超过半分钟。

235. 布业始祖

松江黄道婆，纺织创新多。

泾镇苦生妹，崖州好学娥。

返乡兴布业，教众运机梭。

衣被温天下，先棉祠祖歌。

宋末元初，松江府出了个知名女纺织家黄道婆，对棉纺织技术进行了系列创新。黄道婆出生于乌泥泾镇一户贫苦人家，十二三岁就被卖给人家当童养媳，受尽了公婆和丈夫的欺压凌辱。十八岁那年，她实在忍受不了非人的折磨，乘船出逃至崖州，以道观为家，以黎人为师，刻苦学习运用工具制棉织布的方法。1295年，她重返离别三十多年的家乡振兴布业，教人运用她从崖州学来而又经过革新的先进机具轧棉、弹花、纺纱、织布和错纱配色、综线挈花等织造技术，彻底抛弃了手剥棉籽等落后方法。特别是她创造的脚踏纺车代替了手摇纺车，能同时纺三根纱，是当时世界上最先进的纺车。黄道婆逝世后，松江成为全国最大的棉纺织中心，有"衣被天下"的美称，人们建了一座先棉祠来纪念这位布业始祖。

236. 欧洲来客

欧洲年少客，随父事元专。

廿载锦衣返，一朝魔难缠。

狱监游记录，华夏见闻宣。

马可桥梁架，文明中外传。

元世祖时，蒙古汗国已经分裂成钦察、察合台、窝阔台、伊儿四大汗国，元朝皇帝名义上还是四国的大汗。当时中国是世界上最强盛最富庶的国家，西方各国的使者、商人、游客纷纷慕名前来观光，其中最有名的要数威尼斯人马可·波罗。他十几岁时随父亲和叔叔来到元朝，被元世祖留在朝中办事。他在中国游历十七年，访问过许多古城，到过西南和东南地区。1295年，他穿着华服、带着珍宝回到阔别二十多年的故乡，引起轰动。不久在威尼斯与热那亚的冲突中战败被俘，在狱中口述了大量有关中国的故事。狱友鲁斯蒂谦记述了他在中国的见闻，写下著名的《马可·波罗游记》，激起西方人对东方的向往。从此中西交往更加密切，阿拉伯的天文学、数学、医学知识传到中国，中国的几大发明也传到欧洲。

237. 感天动地

国人分四等，民借戏申言。

元曲苦尤盛，窦娥悲更冤。

三桩誓昭胆，六月雪飘魂。

天地齐哀恸，汉卿铜豆尊。

元朝把全国人民分为四等，蒙古人、色目人位据第一二等，汉人、南人则处第三四等。1294年，忽必烈孙子元成宗铁穆耳即位，民众更加苦不堪言，只能借助元曲来抒发忧愤，《感天动地窦娥冤》就是元曲四大家之首的关汉卿创作的悲剧。剧情讲的是童养媳窦娥婚后两年丈夫去世，流氓张驴儿父子逼迫婆媳与其父子成婚，遭到窦娥坚拒。张驴儿在窦娥婆婆吃的羊肚汤中投毒，被自己父亲误喝身亡，遂诬告窦娥杀人。太守桃杌严刑逼供，窦娥不想连累婆婆受难，含冤招认。为表冤屈，临刑前她立下血不沾地、六月飞雪、楚州亢旱三桩誓愿，结果全部应验。关汉卿长于大都，他塑造的"我是个蒸不烂、煮不熟、捶不匾、炒不爆、响珰珰一粒铜豌豆"的形象广为尊颂，被誉为"曲家圣人"，"东方的莎士比亚"。

明至前清

238. 独眼石人

石人真独眼，天证白莲言。

改姓呼归宋，缠巾号灭元。

江淮多旅起，河北一军吞。

扶立福通笑，身亡火遍原。

元朝自成宗后又传了九个皇帝，皇室内斗激烈，政治日益腐败，人民灾难深重。1351年，在黄陵冈开河疏洪的十几万民工顶着烈日暴雨日夜劳动，治河经费却被贪官克扣，连饭也吃不饱。白莲教主韩山童趁机让人传播"石人一只眼，挑动黄河天下反"的民谣，并在工地挖出事先埋下的独眼石人，印证了天要灭元的传言。刘福通建议他改赵姓，以皇族后裔身份号召复宋，用红巾缠头作为起义标记。不料消息泄漏，韩山童被官军捕杀。刘福通继续领导起义，红巾军迅猛发展，打败了元军精锐阿速军。徐寿辉、郭子兴、张士诚等也在江淮起兵响应，乘元内乱击败百万元军的围攻。刘福通扶立韩山童之子韩林儿为宋帝，号称小明王，占领汴梁，兵抵大都。1363年，刘福通牺牲，但其点起的反元烈火已遍地燃烧，势不可挡。

239. 和尚元帅

和尚号元璋，朱家苦命郎。

遭瘟亡父母，挨饿入禅房。

世乱人思武，心高自立王。

应天豪杰聚，帅帜顶风扬。

刘福通转战北方时，郭子兴的红巾军在南方壮大起来，吸引了很多人，青年和尚朱元璋也前往投奔。朱元璋是濠州钟离人，幼时家境贫穷，曾为地主放牛。十几岁时家乡闹旱灾蝗灾，后又遭受瘟疫，父母和大哥都病死了。为了混口饭吃，他到皇觉寺当了小和尚。他原名朱国瑞，因立志灭元而改名。"璋"是一种锋利的玉器，"朱"谐音"诛"，朱元璋就是诛元之璋。郭子兴见他智勇双全，对其十分器重，还将养女马氏嫁给他。他虽深受信任，战功不少，但看不惯郭子兴手下四个元帅狭窄内斗，就回到家乡自拉队伍，吸收了李善长、徐达、汤和等一批文武英才，训练出一支战斗力很强的军队，连续打下滁州、和州。郭子兴病死后，他被韩林儿先后封为副元帅、元帅，攻占应天，开始实现统一天下的宏伟抱负。

240. 大战鄱阳

刘基施妙计，老仆骗新狂。

易木虚呼应，挥旗实唤藏。

驰兵救章郡，驱舰战鄱阳。

友谅丧湖火，士诚亡陆梁。

　　1360年，通过谋害徐寿辉自立为汉王的陈友谅亲率强大水军东下应天。部属或降或逃或拼的三种建议使朱元璋难以决断，遂征求新来谋士刘基的意见。刘基字伯温，浙江青田人，通经史，晓天文，精兵法。他建议以逸待劳，诱敌深入，设伏歼敌。朱元璋依计，指使与陈友谅有旧交的部将康茂才写诈降信，由其老仆拿着去见陈友谅。陈友谅率军来到接头地点木桥时，才发现该桥已被拆建成石桥。朱元璋以红黄两面旗帜指挥调动伏兵，将陈友谅打得大败而归。三年后，陈友谅打造了大批战舰，率领六十万大军进攻古称章郡的洪都，朱元璋亲率二十万人马前去救援，双方在鄱阳湖中展开决战。最终，朱元璋采取火攻战法，用小船战胜了大舰，陈友谅命丧湖口。朱元璋自称吴王，于1367年灭了也称吴王的张士诚。

241. 伯温辞相

七行同入目，两读即铭心。

功著几辞相，谋深多验霖。

劝君勤买善，教子谨遵钦。

虽有御医误，终无大难临。

刘伯温从小聪慧过人，读书能七行俱下，两遍便背诵如流，还能发微阐幽，言前人所未言。朱元璋打到浙东，请他当谋士。他辅佐其先后灭掉陈友谅、张士诚，并建议脱离小明王韩林儿自立，但以大明为国号招揽人心。1368年，朱元璋在应天称帝，建立明朝（1368—1644），改年号为洪武，史称明太祖。太祖几次请刘伯温当丞相，都被他借故推辞。他通晓天文，每当大旱，总是建议太祖为百姓多做好事来感动"上天"，常常令颁雨下。他劝君买善，多施仁政，即使对同他关系不好的李善长、胡惟庸也能公正评价。1375年，他感染风寒，太祖命胡惟庸带御医去探望。他吃了御医开的药，病情更重了，遂返回家乡。临终嘱咐儿子将天文书速呈太祖，"毋令后人习也"；并留谏皇上"修德省刑，祈天永命"。

242. 胡惟庸案

江山期永固，太祖造奇冤。

胡相连三案，李蓝亡万魂。

烧楼虽杜撰，灭族岂虚言？

纵把臣诛尽，难防不肖孙。

　　明太祖是农家出身，注意对百姓实行休养生息政策，新建立的王朝逐渐巩固下来。但他不放心那些开国功臣，设立"锦衣卫"特务机构专门监视、侦察他们，这样就少不了冤假错案。1380年，丞相胡惟庸被告发叛国谋反，遭满门抄斩，株连文武官员一万五千多人被杀，老臣宋濂也被牵连。过了十年，有人告发李善长明知胡惟庸谋反不检举揭发，太祖不管其是头号功臣和自己亲家，把他全家处死，又株连一万五千多人遭戮。再过三年，锦衣卫又告发大将蓝玉谋反，又有文武官员一万五千多人受株连被杀。尽管后人考证火烧庆功楼的故事是杜撰的，但遭太祖灭族的官员确实很多。太祖生前废除了丞相职位，死后专权、贪腐的官员还是层出不穷。而真正断送朱明王朝的，主要还是太祖那些当了皇帝的不肖子孙。

243. 靖难之变

璋封廿四王，偏选太孙皇。

忧反削藩狠，惧亡装病狂。

起兵名靖难，称帝暗搜藏。

朱棣堪雄主，大明趋盛强。

　　明太祖一面杀位高权重的大臣，一面又封自己的二十四个儿子到各地为王，部分藩王还拥有军队。他本以为这样可以巩固家天下，谁知却引发一场大乱。太子朱标死后，太祖立其子朱允炆为皇太孙，引起藩王不服。1398年，太祖驾崩，太孙即位，改年号为建文，史称建文帝。建文帝十分担忧藩王谋反，在亲信大臣齐泰、黄子澄的建议下，将几个藩王的王位削去。太祖第四子、藩王中势力最大的燕王朱棣一面装疯卖傻，一面暗中练兵。当齐泰、黄子澄下令逮捕他时，朱棣以"靖难"为名起兵。经过三年内战，于1402年攻克应天，即位称帝，改年号为永乐，是为明成祖。他派人暗中搜寻听说自焚但死未见尸的建文帝。朱棣文韬武略兼备，开创永乐盛世，于1421年迁都至他原来的封地北京，应天改称南京。

244. 七下西洋

郑和三保郎，七次下西洋。

登陆排皇患，宣威促舶商。

惊涛行万里，佳话誉千方。

若似哥伦布，中华福或殃？

　　明朝永乐年间，中国出了一位七下西洋的伟大航海家郑和。郑和出生在云南一个回族家庭，原姓马，小名三保，其祖父、父亲都到麦加朝圣过，他从小就听说过外国的情况。后来，他进宫当了太监，深受明成祖信任，郑和的名字就是成祖给起的。成祖用武力从侄儿手中夺到皇位，总担心建文帝还活着，国内搜遍了，又派郑和去海外寻查。1405年，郑和带领二万七千八百多人，乘坐六十二艘大船，从苏州刘家河出发，先后到了占城、爪哇、苏门答腊、锡兰等国。除暗查建文帝外，主要是宣扬明朝国威，促进贸易往来。至1433年，郑和足迹遍及三十多个国家，最远到达非洲东部。郑和未像后来的欧洲探险家们那样杀人放火、开疆拓土，被西方学界讥为"落后"。孰是孰非，历史发展是最好的注脚。

245. 土木之变

成祖创东厂，宦官权柄提。

英宗游乐湎，王振奏章批。

挟帝亲征妄，操军盲动迷。

循私沦土木，脑裂误朝凄。

　　明成祖设立由太监主事的特务组织东厂，宦官权力渐大。成祖死后，其子朱高炽即位，改年号为洪熙，是为明仁宗。十个月后仁宗病逝，太子朱瞻基即位，改年号为宣德，是为明宣宗，批阅奏章开始由宦官任职的司礼监代笔。宣宗死后，其子朱祁镇即位，改年号为正统，是为明英宗。英宗沉湎游乐，蔚州流氓出身的太监王振任职司礼监，控制了朝政。他对内党同伐异，对外投机取巧，于1449年招致蒙古瓦剌部落首领也先的进犯。他不顾朝臣反对，鼓动英宗亲征。由于准备仓促，军粮不继，行至大同被迫撤退。他想让英宗去其家乡为自己扬威，又怕大军踩了他家庄稼，先后两次改变行军路线，导致在土木堡陷入瓦剌追兵的重围。明军全军覆没，王振被部下用铁锤砸碎脑袋，英宗被瓦剌俘虏，史称"土木之变"。

246. 于谦卫京

于谦一侍郎，临险敢担当。

护国代宗立，卫京麾帜扬。

直言污吏惧，周策大明祥。

冤死夺门变，清风两袖芳。

　　土木之变震动北京，大臣徐有贞主张南逃，兵部侍郎于谦主张抗战，奉命担当起指挥军民守城的重任。于谦是浙江钱塘人，入仕后为官清廉，刚直不阿，得罪了王振，遭诬告判了死刑，后因官民联名为他请愿才幸免于难。他与大臣们拥立英宗弟朱祁钰即位，改年号为景泰，是为明代宗，被俘的英宗改称太上皇。他否定了大将石亨把兵都撤到城里的意见，一面从各地调兵遣将，一面亲自带兵出城迎战瓦剌，取得北京保卫战的胜利。后又直言辅佐代宗惩治贪腐，周密策划边境防务，政权稳固，百姓安宁。1457年，代宗病重，徐有贞、石亨勾结宦官发动夺门之变，迎已回国的明英宗复位，于谦遭到冤杀。抄家的人发现，他家徒四壁，室无余财，真正实现了自己"清风两袖朝天去，免得闾阎话短长"的愿望。

247. 万户飞天

万户飞天举，寰球第一人。

风筝牵引妙，火箭助推神。

月亮少烦事，太空多丽晨。

魂消尊鼻祖，终致梦成真。

明英宗晚年任用李贤，听信纳谏，仁俭爱民，废除殉葬制度，美善很多，于1464年病逝。太子朱见深即位，改年号为成化，是为明宪宗。相传成化十九年，中国发生了万户飞天的故事，出了世界上第一个想利用火箭飞天的人。万户是明朝官员，木匠出身，因厌恶人间的官场生活，想到少有烦恼事的月亮上去生活，亲眼看看太空的壮丽景象。他双手举着风筝，坐在绑了四十七支火箭的椅子上，想利用风筝牵引、火箭助推升空。仆人奉命点燃引线，火箭尾部喷火，椅子冲到半空爆炸了。万户粉身碎骨，消失在浓烟烈火之中。万户飞天虽然失败了，但人们按照他探索的原理，终于在几百年后实现了利用火箭升空飞天、登陆月球、遨游太空的梦想。尽管缺乏确切记载，万户还是被西方学者考证为人类的航天鼻祖。

248. 弘治中兴

父皇迷悍妃，樘幼命卑微。

即位展弘治，中兴呈久违。

君贤天下顺，吏正众心归。

可惜英年逝，宠儿无德威。

　　明宪宗由大他十七岁的宫女万氏带大，即位后封其为贵妃。万贵妃专横跋扈，不让宪宗亲近其他嫔妃，连吴皇后也因与其发生矛盾而被废。宫女纪氏与宪宗邂逅怀孕，在太监张敏、怀恩等保护下，逃过了万贵妃的加害，生下一个男孩，六岁才见到生父宪宗，取名祐樘。万贵妃死后，宪宗也因悲伤过度去世。太子朱祐樘即位，改年号为弘治，是为明孝宗。孝宗宽厚仁慈，躬行节俭，不近声色，励精图治，重用贤臣，驱逐奸佞，努力扭转成化以来朝政腐败的状况，在位十八年，国家出现了久违的经济繁荣和社会稳定，史称“弘治中兴”。他自幼身体较弱，加上操劳过度，于1505年三十六岁时英年早逝，留下一个被宠坏了的儿子朱厚照。明孝宗一生只娶了一个皇后，是中国历史上唯一实行一夫一妻的成年皇帝。

249. 计除刘瑾

八虎横行久，首监干政狂。

起居三厂督，坐立两人皇。

平叛杨公计，除凶张永当。

抄家刘瑾毙，穷敛枉盈仓。

孝宗死后，太子朱厚照即位，改年号为正德，是为明武宗。其宠信的八个宦官横行朝廷，被称为"八虎"。为首的太监刘瑾任职司礼监，疯狂干政。他怂恿武宗放鹰猎兔，自己独揽大权。他的两个同党担任了东厂、西厂提督，还设立内厂由他自己直接掌管，大臣们的一举一动都受到监视。人们风传北京有两个皇帝，一个是姓朱的坐皇帝，一个是姓刘的立皇帝。1510年，安化王朱寘鐇以反对刘瑾为名起兵谋反。明武宗派大臣杨一清总督宁夏、延绥一带军事，让亲信宦官张永监军，平息了叛乱。杨一清是镇江丹徒人，文武全才，戍边有功，曾因不依附刘瑾而遭诬入狱。这次他利用张永与刘瑾的矛盾，恳劝张永向武宗密告刘瑾，为国除害，张永终敢担当。武宗派人从刘瑾家抄出巨额财产和龙袍玉带，将其处死。

250. 龙场悟道

五岁方言语，三科终命卿。

修文谪龙场，悟道号阳明。

心外无天理，儒中有善兵。

知行崇合一，王学震东瀛。

　　王守仁，别号阳明，浙江余姚人，五岁才会说话，但已默记祖父所读之书。他学习优异，却连考两次进士不第。他不以为耻，认为科举并非第一要紧之事，最要紧的是读书做圣贤之人，直到第三次参加科举才及第入仕。后因触怒刘瑾，被杖四十，谪贬至千里以外的蛮荒之地贵州龙场任驿丞。他在那里的阳明洞中修文三年，一天夜里忽然顿悟心即理，在程朱理学的基础上创立了阳明心学，史称"龙场悟道"。他认为"心外无理"，天理就在自己心中，只要克服私欲、回复良知就能成为圣贤。他虽为儒生，但善于用兵，复出后多次带兵打仗，每战必胜，最著名的是1519年平定宁王朱宸濠叛乱。他崇尚"知行合一"，集立德立言立功于一身，被尊为"全能大儒"。其学说又称"王学"，传遍中外，在日本影响尤巨。

251. 死劾严嵩

嘉靖迷仙道，严嵩善祭文。

才疏惟媚上，心毒擅欺群。

十罪逐条指，五奸挨个云。

忠贞杨继盛，死劾美名闻。

明武宗无嗣，死后由堂弟朱厚熜即位，改年号为嘉靖，是为明世宗，又称嘉靖帝。世宗在位早期颇有作为，后来迷信道教，懈怠政事，任用奸佞，妄杀忠良，导致国势日衰。大学士严嵩善于起草祭神文书，取得首辅地位。他才疏学浅，惟能谄谀媚上，结党营私，贪赃枉法。朝中三十多个官员做了他的干儿子，许多正直的大臣遭到打击迫害。特别是他不但不抓战备，反而贪污军饷，致使明军无力抵抗蒙古鞑靼部首领俺答的进犯，引起正直大臣的愤慨。兵部员外郎杨继盛冒死弹劾严嵩，指出其有十大罪状，还有"五奸"相助。严嵩气急败坏，在世宗面前诬陷杨继盛，致使其被杖一百，关进大牢，终遭杀害。1562年，御史邹应龙告倒了严嵩之子严世蕃，严嵩被革职为民，擅专国政二十年之久的权奸终于倒台。

252. 海瑞上书

海瑞刚峰号，青天美誉扬。

督儿狂敢捉，御史伪能防。

帝怠上书责，身危备枢当。

沉浮皆本色，世代赞贤良。

海瑞是海南琼山人，从小家中贫苦，性格刚直不阿，自号"刚峰"。他二十多岁中举，后被调任淳安知县，由于秉公执法，为民做主，被百姓誉为"海青天"。浙江总督胡宗宪是严嵩的同党，这位顶头上司的儿子经过淳安，嫌官驿饭菜不好，把驿吏捆绑起来，被海瑞以其冒充总督儿子为名抓了起来。御史鄢懋卿是严嵩的干儿子，到处收受地方官员的"孝敬"钱，却又装成奉公守法的样子，被海瑞去信揭露，打掉了来淳安的念头。海瑞也因此被诬罢官，严嵩倒台后被重新起用到京城。他看到明世宗二十多年不上朝，就上书责备皇帝怠政。他做好必死的准备，买了一口棺材放在家里，被锦衣卫抓去严刑拷问。他一生经历正德、嘉靖、隆庆、万历四朝，几经沉浮，始终保持清正廉洁本色，被世代传颂为贤官良臣的楷模。

253. 曹顶杀倭

曹顶通州汉，杀倭名远扬。

海危操舶勇，江怒举刀昂。

解甲专营面，闻风再逐狼。

马倾身殉国，忠义永留芳。

1553年，史称倭寇的日本海盗在东南沿海登陆，抢掠几十座城市。多地官兵畏战逃跑，而曹顶却以杀倭声名远扬。曹顶是南直隶通州余西一个烧盐工的儿子，性格豪爽，膂力过人。他临危应募，驾舶操刀，奋勇杀敌。后受命领兵，驻江南剿倭。翌年，倭船百艘自狼山江面乘潮而来，三千倭寇上岸，屠戮老幼数千人，通州城危。曹顶率哨船三十、水兵五百壁于城外江面，激战二十日，与援兵合力解围。是役，他斩倭百余级，身披数十伤。战后他辞掉封赏，解甲还乡，专营面业。1557年，倭寇自掘港登陆，再犯通州。曹顶闻风而起，率众战倭，冒雨追寇于平潮，马蹶殉国，民众无不痛泣。人们在去狼山的路上建了曹公祠和曹顶墓，将附近的报警烟墩命名为"倭子坟"，世代纪念这位忠义爱国的抗倭英雄。

254. 继光练兵

英雄戚继光，迭创练兵煌。

人构鸳鸯阵，车联步骑墙。

南征倭寇尽，北御朵颜丧。

留下武经著，弥新历久长。

倭寇日趋猖獗，明世宗命人祷告海神无效，派老将俞大猷去浙江，打了几个胜仗。但不久俞大猷被严嵩同党陷害坐牢，倭寇又活跃起来。直到把戚继光调到浙江，局面才开始好转。戚继光是著名的民族英雄，山东蓬莱人，善于练兵，所训部队能攻善守，人称"戚家军"。他南下后发现当地官军不能打仗，便另募新军，严格训练，创造了适应山林沼泽崎岖道路作战的鸳鸯阵。他带着这支军队从浙江打到福建，迭克倭寇。最终，他与复出的俞大猷配合，于1565年将倭寇基本肃清。后来，戚继光奉命北上，训练蓟州、昌平、保定等地士兵，革新以战车联结步骑兵的车营阵法，大破来犯的蒙古朵颜部骑兵，迫使其酋长穿素服来关前大哭求赦。他留下《练兵纪实》、《纪效新书》等武经名著，军事思想历久弥新。

255. 一代药圣

杏林功盖世，药圣李时珍。

初立学医志，成抽陪帝身。

寻方尝万剂，易稿过三轮。

本草奇纲诞，回春多少人。

明朝中后期，中国出了个享誉世界的医药学家李时珍，人称药圣。其祖父、父亲都是医生，他从小就立志学医，但父亲还是要他参加科举考试。他三次都没有考上举人，转而一心一意钻研医术，帮助穷人看病，还治好楚王儿子的病，被推荐到京城太医院。他在太医院查阅了大量医科典籍，知识能力有了很大提高。目睹明世宗迷恋仙道，他抽身离去，到各地收集药物标本和处方，亲自尝试方剂，记录了上千万字札记，历经近三十个寒暑，先后三易其稿，于1590年完成了一百九十二万字的巨著《本草纲目》，为发展中国和世界医药学做出了巨大贡献。在此期间，明朝已换了三个皇帝：明世宗于1566年死去，其子朱载垕即位，改年号为隆庆，是为明穆宗。穆宗在位六年病死，其子朱翊钧即位，改年号为万历，是为明神宗。

256. 居正辅政

首辅张居正，少皇师道尊。

鉴图深解史，革政力强根。

粮满太仓顶，烟消烽火墩。

奈何君忌恨，误国祸儿孙。

　　明神宗十岁即位，根据先帝遗嘱，首辅张居正成了少皇老师。张居正是湖广江陵人，二十三岁考中进士，学识渊博。他编了一本《帝鉴图说》的历史故事书，每天给神宗讲解。神宗把张居正当作严师，既尊敬，又惧怕，一切军政大事均由其主持裁决。张居正辅政十年，实行了一系列改革措施。财政上清丈土地，推行"一条鞭法"，总括赋役皆以银缴；军事上任用戚继光、李成梁等名将镇守北方边境，用凌云翼、殷正茂等平定西南叛乱；吏治上采取"考成法"，考核各级官吏。从而开创了"万历新政"，"太仓粟可支十年"，边防稳定，社会安定，政体肃然。1582年，张居正病死，神宗亲政。在一些大臣挑拨下，神宗多年积累的忌恨爆发，对张居正撤爵抄家，将其子孙关在屋里活活饿死，国家又走下坡路。

257. 痛打税监

万历三征胜，库空苛重捐。

苏州加税卡，织户损灾年。

拒抢打监棍，串联跟葛贤。

孙隆临险遁，众怒火冲天。

　　明神宗停止了新政，又进行了三大征，特别是出兵与朝鲜军队联合将日本侵略军驱逐出朝鲜半岛，意义重大，耗资也巨大。加上他怠政享乐，导致国库空虚，就向民间加派苛捐杂税，弄得到处怨声载道。1601年，宦官孙隆被派到丝织业发达的苏州做税监，一到任便跟地痞土棍勾结起来，在城内各处设立关卡，对进出的绸缎布匹等征收重税，造成商贩不敢进城做买卖。这年当地闹水灾，桑田淹没，纺织停工，孙隆还要按织机收税，许多织户倒闭。一天，织工葛贤看到孙隆手下税棍黄建节等正在强抢卖瓜的瓜农，便率众将其打死。葛贤把愤怒的百姓串联起来，烧了十二个税棍的家，孙隆狼狈逃到杭州。为了保护群众，葛贤挺身投案，成千上万的苏州市民含泪为他送行。明朝统治者没敢杀害他，两年后将其释放。

258. 努尔哈赤

明腐弱边防，英雄起北方。

离家年十少，挥泪祖双亡。

雪恨尼堪弑，迎攻叶赫殃。

女真终一统，称汗八旗扬。

　　明王朝政治日趋腐败，边防越发松弛。东北的女真族在爱新觉罗·努尔哈赤的带领下，趁机扩大势力，开始强大起来。努尔哈赤出身建州女真，祖父和父亲被明朝封为建州左卫指挥。他从小练武，十岁那年母亲死去，继母待其不好。他只好离开家庭，靠在莽莽林海里打猎采集，将所获拿到城里卖掉为生。在此期间，他学会了汉文，读了《三国演义》等小说。二十五岁那年，祖父和父亲被土伦城主尼堪外兰带领明军攻打古勒寨时杀害。他痛哭一场，以父亲留下的十三副盔甲起兵，先攻破土伦城，杀了尼堪外兰，统一了建州女真。后又击退海西、野人女真和蒙古九部联军的进攻，打败了为首的叶赫部，统一了女真各部。他将女真族人编成军政一体的八个旗，于1616年在赫图阿拉称汗，国号大金，史称后金。

259. 萨尔浒战

誓师宣七恨，金主首征明。

抚顺受降将，萨城屯锐兵。

管他多路讨，看我一军迎。

五日赢三战，沈阳成盛京。

努尔哈赤建立后金后，又花了两年多时间整顿内部，发展生产，扩大军力。1618年，他召集八旗首领和将士誓师，宣布对明朝有"七大恨"，第一条就是明朝杀害了他的祖父和父亲，决定起兵伐明，报仇雪恨。首次出征，他便接受了明朝抚顺守将李永芳的投降，打败了辽东巡抚派来的援兵。第二年，明神宗派杨镐为辽东经略，集中十万人马，分兵四路讨伐后金。努尔哈赤在萨尔浒城及其附近地区屯集六万人马，采取"管他几路来，我冲一路去"的战法，五天打了三个大胜仗，先后歼灭明军山海关总兵杜松率领的中路左翼、开原总兵马林率领的北路、辽阳总兵刘铤率领的南路，惊溃辽东总兵李如柏率领的中路右翼。1625年，努尔哈赤把后金都城迁到沈阳，改城名为盛京。从此，后金成了明朝最大的威胁。

260. 光启研西

光启研西学，欧人为老师。

几何原本译，农政巨书思。

造炮强军切，测天修历痴。

根留徐汇土，世代长新枝。

　　萨尔浒大战震动明廷，大臣们呼吁明神宗强军抗金。神宗听说翰林院官员徐光启熟识军事，上奏练兵，就批准他负责此事。徐光启是松江府上海县人，年轻时结识了来自欧洲的传教士利玛窦，向其学习了很多西方的科学知识。他与利玛窦合作，翻译了古希腊数学家欧几里得的《几何原本》。他曾辞去朝廷的工作，去天津从事农业实验，构思了《农政全书》的写作提纲，为晚年完成这一农学巨著打下基础。他在军事方面有很深的造诣，力主研制西洋火炮，是中国军事史上提出火炮应用理论的第一人。他还致力观测天象，修订历法。可惜这位大科学家生不逢时，其学识并未得到腐朽朝廷的真正重视和支持。1633年，徐光启病逝，其出生地法华汇被改名为徐家汇，简称徐汇。他的后裔长期聚居繁衍在这一地区。

261. 光斗入狱

光斗东林党，挽明多主张。

巡京惩恶吏，入阁辅新皇。

魏客结狼狈，左杨联栋梁。

含冤亡诏狱，节撼后生郎。

　　明神宗后期，被贬回乡的顾宪成约友人在无锡东林书院讲学，针砭弊政，主张革新，他和支持者被宦官权贵称为东林党。神宗死后，其子朱常洛即位，改年号为泰昌，是为明光宗。光宗在位一月即病死，其子朱由校即位，改年号为天启，是为明熹宗。熹宗即位初，东林党成员、桐城人左光斗担任了内阁大臣，为挽救明王朝提出许多主张。他以从严治吏闻名，任御史时曾巡视京城，逮捕作恶多端的吏部官员，查出假官一百余人。这次入阁辅佐新皇，引起司礼监秉笔太监魏忠贤的排斥。魏忠贤与熹宗乳母客氏狼狈为奸，与左光斗、杨涟为首的正直大臣形成尖锐对立。后来魏忠贤阴谋得逞，左杨等被诬关进诏狱，于1625年被杀。临刑前，青年史可法去看望遍体鳞伤的恩师左光斗，深为其坚贞不屈的气节所震撼。

262. 五人之墓

宦号九千岁，奸称四十孙。

苏州冤犯过，义士善肴尊。

一鹭带兵捕，五人呼众援。

临刑神自若，高卧伴阊门。

　　左光斗、杨涟被杀后，魏忠贤掌握了朝政大权。一些谄媚之徒号其为"九千岁"，而他们则被民间蔑称为"五彪"、"十狗"、"四十孙"。官员周顺昌看不惯阉党横行，请了长假回苏州闲居。1626年，魏忠贤又一次大捕东林党人。一名被冤捕的官员在兵士押解下路过苏州，周顺昌替他摆酒送行，还在宴席上大骂阉党。魏忠贤闻之大怒，命令东厂派出兵士，由南京巡抚毛一鹭带领，到苏州捉拿周顺昌。消息轰动了苏州城，颜佩韦、杨念如、马杰、沈扬、周文元等五人像二十多年前的葛贤那样，带领成千上万的市民上街援救周顺昌。毛一鹭躲进茅坑逃走，魏忠贤令其派兵镇压。五位义士被抓赴阊门刑场，牺牲时神色自若。苏州市民把他们安葬在阊门外紧靠葛贤墓的山塘上，碑书"五人之墓"，每年自发去凭吊。

263. 宁远大捷

廷弼遭冤弒，承宗荐督师。

踏冰安众户，筑垒固城池。

血战孤军奋，炮鸣骄旅痴。

明营欢庆日，金主恨亡时。

萨尔浒大战后，明朝派老将熊廷弼指挥辽东军事，却因广宁巡抚王化贞不服从指挥而失利，遭阉党诬陷冤杀。兵部尚书孙承宗推荐袁崇焕去领兵抗金。袁崇焕别名督师，出生于广东东莞，喜研军事，被调入兵部任主事。明熹宗批准给他二十万饷银，命其负责督率关外明军。他踏冰冒雪赶到前屯，安抚民众，整顿军队，尔后进驻宁远，修筑工事。正当此时，魏忠贤却排挤了孙承宗，派其同党高第指挥辽东军事。高第一到山海关，就开会布置撤军，遭到袁崇焕坚决反对，只好同意他孤军防御。1626年正月，后金十三万大军进攻宁远，袁崇焕指挥不满二万人的守军，在民众支持下浴血奋战，以火炮重伤亲自督战的努尔哈赤，致其"大怀忿恨而回"。宁远大捷振奋了明朝的民心士气，努尔哈赤临终遗嘱报仇雪恨。

264. 反间之计

悲甚袁崇焕，两回遭屈冤。

守城阉党谤，救驾满洲谖。

放宦施疑狠，屠龙遗错浑。

昏君将柱毁，后世却荣尊。

　　宁远大捷后，袁崇焕却两度蒙冤。努尔哈赤死后，其子皇太极即汗位，第二年即亲率大军，分三路南下，包围锦州。袁崇焕判断敌之目标是宁远，遂亲守宁远，派部将驰援锦州，取得了宁锦大捷。而魏忠贤却指责袁崇焕没有亲援锦州，逼迫他辞官。明熹宗无嗣，死后由其弟朱由检即位，改年号为崇祯，是为明思宗，也称崇祯帝。崇祯帝勤政节俭，却既无治国之谋，又无任人之术，还猜忌多疑。他惩处了魏忠贤，重新起用袁崇焕。皇太极斗不过袁崇焕，便率军偷袭北京，放回抓捕的明朝太监传话袁崇焕通敌。由于袁崇焕先前矫诏斩杀东江敌后明将毛文龙，加上皇太极的反间计，他在率军解除京城之围后，被崇祯帝以通敌叛国罪于1630年处以凌迟，民众争食其肉。直到清乾隆年间，这位民族英雄才得到平反。

265. 一代游圣

游圣徐霞客，钟情山水边。

出行凡四度，遇盗有三煎。

竹杖芒鞋丐，风餐露宿仙。

溯源追本记，千古美文传。

游圣徐霞客是明末江阴人，从小受父亲影响，钟情山水，不愿为官。他在母亲支持下，从二十二岁开始，一生四度离家远游，竹杖芒鞋，风餐露宿，历尽艰险，足迹遍布大半个中国。其间多次断粮，三遇强盗，钱财行李被洗劫一空，但他都未停止坚定的步伐。他所到之处，探幽寻秘，追本溯源，有许多重大发现。特别是他"北历三秦，南极五岭，西出石门金沙"，查出发育于昆仑山南麓的金沙江是长江的源头，比自古以来的"岷江说"长出一千多里。他是世界上最早研究记载岩溶现象的学者，欧洲人在他之后一百年才开始考察石灰岩地貌。人们把他的游历日记编成《徐霞客游记》，这部千古奇书不但是我国地理学的宝贵文献，还是一部优秀的文学著作。今天，游记开篇的5月19日被确定为"中国旅游日"。

266. 闯王举兵

羊倌李自成，被逼举兵争。

上遂英雄志，下应民众声。

荥阳方略定，帝里祖坟平。

接掌闯王帜，寻机再出征。

崇祯帝即位第二年，陕西闹大灾，饥饿的百姓把树皮草根都挖光了，只好吃泥土。而那些贪官污吏照样催租逼税，百姓活不下去了，就爆发了农民大起义。起义军中有一支力量最强的队伍，由号称闯王的高迎祥和众尊闯将的李自成率领。李自成是陕西米脂人，童年时给地主牧羊，曾为银川驿卒，后来被逼举兵造反，上遂英雄壮志，下应民众呼声，成为高迎祥麾下一员智勇双全的大将。1635年，洪承畴任五省总督，把义军压缩到洛阳一带。高迎祥约了十三家义军首领在荥阳开会，商讨对策。李自成提出"分兵定向、四路攻战"的方略，与高迎祥、张献忠率部攻下明帝故里凤阳，掘了皇家的祖坟。高迎祥牺牲后，李自成继称闯王，后在潼关遇伏，率领部将刘宗敏等十七人冲出重围，来到商洛山区隐蔽待机。

267. 象昇死战

忠贞卢象昇，乱世敢担承。

主战羞奸佞，临危效老丞。

辖军三半减，击敌数番增。

巨鹿身拼死，误明谁受惩？

卢象昇是明末宜兴人，民族英雄。熊廷弼、袁崇焕被冤杀后，明朝在东北没有得力将领，后金乘势坐大。1636年，皇太极在盛京称帝，定国号为大清（1616—1911），改年号为崇德，更族名为满洲，是为清太宗。1638年，清太宗派其弟多尔衮率军第四次远征，直达北京外围。崇祯帝一面将宣府大同总督卢象昇召来指挥全国兵马援救京师，一面又让兵部尚书杨嗣昌和宦官高起潜秘密派人去清都求和。卢象昇效仿曾"以宰相再视师"、全家战死高阳的孙承宗，坚决主战，引起崇祯帝不悦和杨嗣昌、高起潜不满，先后三次将其兵力减半。虽然他连战皆捷，但能指挥的兵力越来越少，迎战的清军越来越多。终因炮尽矢绝，身负重伤，战死巨鹿。后来蓟辽总督洪承畴在松山失利降清，皇太极喜称夺取中原有了带路人。

268. 奇袭襄阳

枭雄张献忠，先顺后谋攻。

罗岱猴山虏，嗣昌天府瞽。

西虚应敌势，东进袭巢空。

一了襄王命，开仓济众穷。

    张献忠是与李自成齐名的明末农民起义领袖，陕西定边人。在李自成隐伏商洛时，他接受明朝兵部尚书熊文灿的招抚，但不领官衔，保持了独立性。1639年，他在湖北谷城再次起义。熊文灿即调左良玉和罗岱领兵追剿，被张献忠在房县以西的罗猴山伏兵围歼，罗岱被活捉，左良玉逃跑，连军符印信也弄丢了。崇祯帝杀了熊文灿，让左良玉戴罪立功，改派兵部尚书杨嗣昌率领十万人马，再次展开大规模围剿。张献忠损失惨重，带了一千骑兵从湖北转移到天府之国四川，忽东忽西，把坐镇重庆指挥的杨嗣昌迷惑住。1641年，张献忠突然挥师东进数百里，奇袭明军粮饷基地襄阳，杀了襄王朱翊铭，把王府金库里的十几万两银子分发给穷苦民众。杨嗣昌回救已晚，畏罪自杀。张献忠入川称帝，建立大西政权。

269. 均田免赋

闯王重出山，喜得李岩攀。

公子赈灾禁，绳娘救难还。

英才按长用，良策择时颁。

免赋均田令，如雷震宇寰。

就在张献忠再次起义时，李自成从商洛山区率数千人马杀出。到达河南时，当地正闹大旱，饥民们听到闯王出山的消息，纷纷前来投奔，李自成从中喜得富有战略头脑的青年书生李岩。李岩本是杞县一户富裕人家的公子，饥荒来临时，他奉劝县令暂停征税，拨出部分官粮借给饥民，遭到反对，只好回家开仓赈灾。他的义举反而引起富户们的忌恨，被告到县里。绳技艺人出身的年轻女义军首领红娘子将他保护起来，当他离开被县令囚禁后，又带人将他救出，劝他投奔了闯王。李自成用其所长，让他当了谋士，采纳了他的很多好建议。特别是他提出的"均田免赋"政策，被李自成以命令颁布，犹如春雷响遍大地，给苦难的百姓带来希望。在人民支持下，李自成连打胜仗，于1643年攻占西安。

270. 三桂降清

大顺建西安，进京输考坛。

整军风始肃，越货气终残。

吴父遭侵恐，陈姬被辱寒。

冲冠三桂怒，引满入金銮。

1644年，李自成在西安建立大顺政权后，亲率义军攻入北京，崇祯帝在煤山上吊自杀，明王朝灭亡。人们把义军进京看成"赶考"，结果考输，仅仅待了四十一天即被逐出。原来，入京之初，李自成还能听从李岩建议，严肃军纪，禁止抢掠，善待明臣，受到百姓拥戴。很快，李自成迷恋上宫中生活，一周后开始放纵手下拷掠明官，索取助饷，四处抄家，最后发展到抢劫平民，奸淫妇女，到处怨声载道。山海关总兵吴三桂本想归顺义军，带兵走到半路，听说家产被抄、父亲被抓、爱姬陈圆圆被义军大将刘宗敏霸占，大怒降清。此时，清太宗已死，其六岁幼子福临即位，改年号为顺治，是为清世祖，也称顺治帝。吴三桂与掌握实权的清摄政王多尔衮联手，在一片石大败斗志涣散的义军。清兵入关，迁都北京。

271. 扬州十日

南明臣可法，危厦柱梁当。

救驾移兵迫，守城凝志刚。

扬州屠十日，嘉定灭三场。

留发断头众，英雄气节彰。

崇祯帝死后，福王朱由崧在南京即位，史称南明弘光帝。首辅马士英忙于争权，兵部尚书史可法挑起了抗清重担。史可法祖籍直隶大兴，是左光斗的学生。他主动要求到前方，指挥江北明军打了一些胜仗。南明却闹起内讧，他被迫带兵回南京救驾。当他再返江北，清军已兵临扬州，各镇明军未应檄发兵援救。他率领扬州军民同仇敌忾，孤军奋战，给清军以重大杀伤。1645年4月，扬州城破，他拒绝投降，英勇牺牲。清军统帅多铎下令屠城十天，民众死亡逾八十万人，史称"扬州十日"。清军过江后下"剃头令"，强制推行"留头不留发"。在史可法英雄气节鼓舞下，江南人民选择了"留发不留头"，进行了殊死抗争，江阴守城八十一天方破，嘉定民众遭到三场大屠杀，史称"江阴八十一日"和"嘉定三屠"。

272. 怒斥贰臣

临危谁显真？少隽夏完淳。

锐笔书奇志，严声斥贰臣。

心虚闻答愧，义正贬讥瞋。

父子松江葬，民瞻节不沦。

　　江南抗清斗争，出了一位少年英雄夏完淳。原来，南京沦陷前，弘光帝撇下群臣出逃，被清军追捕杀害。唐王朱聿键在福州即位，史称南明隆武帝，鲁王朱以海则在绍兴监国，使人们对反清复明抱有一线希望。夏完淳的父亲夏允彝在家乡松江起兵失利，投水殉节。他牢记父嘱，变卖家产，参加义军，还写了一道很有见地的抗清奏章送到绍兴，受到鲁王高度赞赏。起义再次失败，老师陈子龙也投水殉节，他被押解南京。清军总督问他年少有为，为何不降清做官？他说要向在松山壮烈殉国的洪承畴学习。有人提醒他上面坐着的就是洪承畴，他表示不信，说崇祯帝都为洪承畴设祭了，大骂贰臣污辱忠魂。洪承畴被骂得面如死灰，将他打入大牢。1647年，十七岁的夏完淳英勇就义，遗体被运回松江，与父亲合墓。

273. 梅村史诗

梅村写史诗，国乱未平时。

十载操行守，三年为吏痴。

歌悲良苦寄，辞丽婉幽思。

卷感康熙帝，心伤几个知？

　　明末清初，江南出了一位善写史诗的吴伟业。吴伟业，号梅村，江苏太仓人，与钱谦益、龚鼎孳并称"江左三大家"。他在明崇祯年间中进士，授翰林编修。南明时，拜少詹事，因与马士英不合，任职两月便辞官归里。入清后，他曾守节十年不肯出仕，最终慑于清廷威逼、碍于老母敦促，被迫赴京为吏，三年后以奔母丧为由南归，隐居故里直至去世。他认为自己屈节仕清是误尽平生的憾事，在所创七言歌行"梅村体"中，歌良苦，辞幽婉，叹兴替，淋漓尽致地表露了这种悔恨心情。他的诗被后人称为"清诗第一家"，代表作有《圆圆曲》等。康熙帝为他亲制御诗："梅村一卷足风流，往复搜寻未肯休。秋水精神香雪句，西昆幽思杜陵愁。裁成蜀锦应惭丽，细比春蚕好更抽。寒夜短檠相对处，几多诗兴为君收。"

274. 收复台湾

名将郑成功，节高声望崇。

父降情了断，国破志归同。

渡海帆千鼓，驱荷揆一疯。

台湾华夏土，重返母怀中。

　　郑成功，福建南安人，抗清名将。其父郑芝龙早年为海商兼海盗，后受明朝招抚，当了福建总兵，南明时拥立隆武帝，不久降清，致帝被掳绝食而亡。郑成功断绝了与父亲的关系，率其旧部在东南沿海从事反清复明斗争，曾一度由水路突袭包围南京，但终遭清军击退，只能凭海战优势固守厦门、金门两岛。清军命福建、广东沿海百姓后撤四十里，妄图困死郑成功。此时台湾已被荷兰殖民者占领多年，郑成功决定向那里发展。1661年3月，郑成功命部分军队留守厦门，自己亲率二万五千将士分乘几百艘战船，浩浩荡荡横渡台湾海峡。他们战胜了台海的险风恶浪和敌人的坚船利炮，于翌年将以揆一为首的荷寇全部赶走。被外敌剥削压迫的台湾民众得救了，宝岛又回到祖国怀抱，郑成功成为杰出的民族英雄。

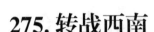

275. 转战西南

定国战西南，抗清新任担。

联明军帜易，训象武贲涵。

攻桂孔奸毙，守滇孙叛戡。

心伤扶永历，嘱子拒降谈。

　　隆武帝死后，南明帝系由桂王朱由榔在肇庆继承，史称永历帝。南明依靠大顺军余部，在广西大败清军。但由于内部不和，广西又被清军占领。在永历政权面临覆灭之时，李定国担负起领导抗清的重任。李定国、孙可望都是张献忠的义子，张死后率领大西军南下云贵，联合永历帝以明军身份抗清。李定国在云南训练了三万精兵和一支象队，一直打到湖南、广西，攻下重镇桂林，迫使清军主帅、大汉奸孔有德投火自尽。孙可望想当皇帝，倒戈叛乱，李定国被迫回守云南戡乱。清军入滇，李定国转战边境，十三次派人均未能接回逃到缅甸的永历帝。吴三桂带领十万清兵开进缅甸，将永历帝抓回昆明勒死。李定国抗清十多年，壮志未酬，心情忧愤，于1662年病死。临终前，他叮嘱儿子和部将：宁死荒外，决不投降。

276. 平定三藩

少年玄烨帝，亲政执朝纲。

鳌霸方蹲狱，吴酋又跳梁。

力攻惩首恶，缓撤抚双王。

平定三藩乱，大清旗帜扬。

南明灭亡时，顺治帝已病死，其子玄烨即位，改年号为康熙，是为清圣祖，也称康熙帝。康熙帝即位时才八岁，国家大权落到人称朝中一霸的辅政大臣鳌拜手里。十四岁亲政后，康熙帝依靠一批练摔跤的少年侍卫，计擒鳌拜，将其监禁，掌握了实权。他大力整顿朝政，奖励生产，惩办贪污，使新建立的清王朝渐渐强盛起来。而在此时，南方的"三藩"却打着"复明"的旗号起兵造反了。三藩是为清朝镇压义军、消灭南明立了大功而被封为藩王的三个明朝降将的总称，其中平西王吴三桂驻防云贵，平南王尚可喜驻防广东，靖南王耿仲明驻防福建。三藩中又以吴三桂势力最大、跳得最高。康熙帝采取集中兵力攻惩首恶吴三桂、暂缓撤销尚耿两家藩王称号的策略，经过八年战争，于1681年平定三藩，威名远扬。

277. 雅克萨捷

雅镇龙江北，沙俄久滴涎。

兵侵被收复，犯占获升迁。

炮打举旗乞，军围饮弹眠。

约签尼布楚，两域属华天。

　　雅克萨是黑龙江北岸的一座城镇，原为中国领土。清军入关时，沙俄军队趁机向黑龙江地区进犯，杀害百姓，掠夺财物。清朝入关后，派兵收复了雅克萨。三藩之乱时，有个俄国逃犯带领匪徒重新霸占了雅克萨。沙皇赦了他的罪，提升其当了雅克萨长官，还派督军托尔布津带领俄军来加强防御。康熙帝劝告沙皇撤军未果，于1685年派彭春为都统，率领水陆两军攻下雅克萨，俄军在清军大炮轰击下举起白旗乞降。彭春按照康熙帝意图释放俘虏，拆毁城堡，带兵回到瑷珲。托尔布津又带兵溜回雅克萨，把城堡修筑得更加坚固。翌年，黑龙江将军萨布素奉命再次围攻雅克萨，托尔布津中弹身亡，沙俄派人到北京求和。1689年，双方签订《中俄尼布楚条约》，肯定黑龙江、乌苏里江流域广大地区都是中国领土。

278. 噶尔丹毙

圣祖戎装出，亲征噶尔丹。

三蒙归大统，一逆起邪端。

驼阵乌兰破，骑兵昭莫残。

孤酋终自毙，漠地始绥安。

　　沙皇俄国不甘心失败，于1690年又唆使准噶尔部首领噶尔丹进攻漠北蒙古，康熙帝决定御驾亲征。那时，蒙古族分为漠南蒙古、漠北蒙古和漠西蒙古三部分，都已归顺清朝。准噶尔部是漠西蒙古的一支，本来在伊犁一带游牧。噶尔丹统治该部后，先兼并漠西，又东进漠北，还南下漠南，妄图成为全蒙古的大汗。康熙帝首次亲征，在距北京只有七百里的乌兰布通大破噶尔丹用上万只骆驼组成的驼阵。噶尔丹带着残兵败将逃到漠北，表面向清朝屈服，暗地里重新招兵买马。1696年，康熙帝第二次亲征，在库伦东南的昭莫多歼灭其骑兵主力，噶尔丹只带了几十骑逃脱。康熙帝通过内政外交，切断噶尔丹与蒙古各部及沙俄的联系，于1697年第三次亲征。噶尔丹走投无路，在科布多服毒自杀，漠地蒙古各部遂安定下来。

279. 炎武著书

博学顾炎武，名尊三大儒。

抗清羞变节，拒仕耻沾污。

万里读行法，百科经致途。

书成日知录，力诚做庸夫。

顾炎武，明末清初杰出的思想家、经学家、史地学家和音韵学家，与黄宗羲、王夫之并称为明末清初"三大儒"。他出身苏州昆山大族，从小喜欢读书，关心时事，早年参加抗清斗争，率众结社，家庭和本人均遭受迫害，极看不起投降变节的人。后来又拒绝仕清，不愿为了乌纱帽而沾污了自己的名节。他从四十五岁起，用了二十多年时间，读万卷书，行万里路，创造了一种知行合一的治学方法。他学涉百科，以经世致用为鲜明旨趣，极力倡导"博学于文"、"行己有耻"的学术理念，开启一代朴实学风，给予清代学者以极为有益的影响。他著作等身，其代表作《日知录》集政治、经济、史地、文艺等内容为一体，极有学术价值。他反对做胸无大志的庸人，"天下兴亡，匹夫有责"就是从这本书里引申出来的。

280. 文字狱甚

文狱历朝有，清廷尤着魔。

康熙明号忌，雍正字音苛。

吕逝棺遭斧，徐生首被戈。

乾隆更登极，案过史之和。

　　文字狱历朝皆有，以清代数量最多，危害最烈。清代文字狱，又以康熙、雍正、乾隆三朝最甚。康熙帝在位六十一年，兴文字狱十二次，湖州文人庄廷鑨、翰林编修戴名世均因文中涉及南明年号而被处死。康熙帝死后，其子胤禛即位，改年号为雍正，是为清世宗，也称雍正帝。雍正帝在位十三年，兴文字狱十七次，学者吕留良写了具有反清内容的书籍，死后四十九年被刨坟劈棺戮尸，其子孙、亲戚、弟子广受株连。翰林官徐骏在奏章里把"陛下"错写成"狴下"，又被查出写过"清风不识字，何事乱翻书"等诗句，被雍正帝依大不敬律斩立决。雍正帝死后，其子弘历即位，改年号为乾隆，是为清高宗，也称乾隆帝。乾隆帝在位六十年，兴文字狱一百三十多次，创造了比此前中国历史上文字狱总和还多一倍的纪录。

281. 禁书修书

文治武功卓，乾隆思理书。

禁焚清大碍，修改去多余。

四库全经纂，七方安地储。

十年渔猎苦，不敌网罗疏。

乾隆帝在位时，国力强盛，财政富裕，文治武功显赫。他决定集中全国的藏书，编辑一部规模空前浩大的丛书，一来显示自己重视文化，二来借机把民间藏书审查一遍。1773年，他下令开设书馆，选派戴震、姚鼐、纪昀等著名学者担任编纂官，对从全国收购和宫廷贮藏的图书进行审查，凡是有"违碍"字句的一概销毁，尚可利用的则删改涂抹。经过十年努力，包括经史子集四个大类、三千五百零三种、七万九千三百三十七卷的《四库全书》终于编纂完成，抄写成七部，分别贮藏在皇宫、圆明园、热河、奉天、杭州、镇江、扬州七个地方。全书虽然经过删改，但总体上还是集中了我国古代的丰富文化遗产。禁书也未能彻底销毁，仍有不少人冒着杀头的危险把大量有价值的图书藏了起来，清末以后重见天日。

282. 红楼奇梦

雪芹观盛世，灿烂乃回光。

木石输金玉，荣宁转败亡。

十年披沥苦，五遍补删详。

一部红楼梦，竟赢千古芳。

　　18世纪，清朝上下沉醉在康乾盛世的迷梦之中。由于制度僵化，闭关锁国，经济社会发展只有量的增加而没有质的提高，乾隆朝已到了盛极而衰的转折点。文学家曹雪芹从灿烂盛景中看到了回光返照，写出了旷世奇书《红楼梦》。曹家祖孙三代做了五十八年江宁织造，后因亏空获罪被抄，从烈火烹油、鲜花着锦到家道中落、穷困潦倒，使曹雪芹对盛世危机刻骨铭心。《红楼梦》以木石前盟输于金玉良缘的爱情悲剧为主线，以贾府由荣宁转败亡的传奇故事为载体，对封建社会进行了深刻批判。他"披沥十载，增删五次"写出前八十回，经程伟元、高鹗整理后四十回残本完成全书，于1791年初版。《红楼梦》是一部具有世界影响力的伟大作品，位列中国古典四大名著之首，被誉为中国古代最杰出的长篇小说。

283. 巨贪和珅

乾隆皇帝老，好大喜功尤。

谀谄殊荣获，贪赃巨利牟。

和珅一家倒，嘉庆十年收。

舍本求标治，国衰多患忧。

乾隆帝活了八十九岁，是中国历史上掌权时间最长，也是寿命最长的皇帝。他爱虚荣，晚年尤其好大喜功，把自己决策的十次军事行动誉为"十全武功"，自称"十全老人"。以和珅为首的一批贪官就投其所好，靠拍马溜须获取殊荣，靠搜刮贡品贪赃牟利。和珅原为三等侍卫，凭着能说会道成为乾隆帝的亲信，不出十年就当上大学士。他利用执掌的权力，大肆贪污索贿。乾隆帝在位六十年后当了太上皇，将皇位禅让给太子颙琰，改年号为嘉庆，是为清仁宗，也称嘉庆帝。等到又掌了三四年实权的太上皇于1799年死去，嘉庆帝立即将和珅逮捕赐死，从其家抄出价值八亿多两白银的财物，抵得上朝廷十年的收入，人称"和珅跌倒，嘉庆吃饱"。但嘉庆帝并未从制度上根除贪腐，治标不治本，吏治继续恶化，国家危机四伏。

284. 白莲女主

白莲原古教，世暗起风潮。

嘉庆无能惧，聪儿有略骁。

丈夫遗志继，百姓诉求挑。

一跃飞天去，九年兵火烧。

白莲教是一种古老的民间宗教，以追求光明、驱除黑暗为宗旨。每当社会矛盾激化时，就会成为民众反抗黑暗统治的精神寄托。乾隆晚期，官吏贪污横行，百姓怨声载道，白莲教又在湖北等地活跃起来。乾隆帝死后，白莲教更呈现一发不可收拾之势，懦弱的嘉庆帝一时束手无策。襄阳白莲教首领齐林被官府杀害，其妻王聪儿继承了丈夫的遗志，肩负起百姓代言人的责任，组织起四五万人的义军，采取灵活机动的战术，从湖北打到河南、陕西、四川，到处攻击官府，惩办贪官，声势越来越大。1798年，王聪儿在一次战斗中被清军重重包围，退到悬崖上跳下去牺牲了。她死后，各地义军继续斗争，嘉庆帝动用了全国的力量，共花了九年工夫，才把这场大起义镇压下去。经过白莲教沉重打击，清王朝从此一蹶不振。

中华五千年

第十章

晚清民国

285. 虎门销烟

则徐担国忧，面帝析缘由。

鸦片毒魔入，白银肥水流。

钦差巡粤厉，英贩困行愁。

百万大烟土，虎门销尽休。

　　嘉庆帝在位时继续墨守成规，导致中国落后世界工业革命大潮，留下千古遗恨。嘉庆帝死后，其子旻宁即位，改年号为道光，是为清宣宗，也称道光帝。当时中国的对外贸易还是顺差，为了扭转逆差，以英国为首的西方国家开始向中国大量走私鸦片牟取暴利。道光帝召林则徐进京面商对策。林则徐是著名民族英雄，福州人，曾在江苏巡抚和湖广总督任上成功禁烟。他分析了鸦片走私对清朝财政和民众健康的巨大危害，坚定了道光帝的禁烟决心。1838年底，林则徐被任命为钦差大臣前往广东，在两广总督邓廷桢等协助下严厉禁烟缴烟。英国驻华商务总监义律赶到广州拒缴，与一帮毒贩被困在洋行，最终屈服。1839年6月3日至25日，林则徐在虎门海滩将收缴的一百一十八万公斤鸦片当众销毁，震动中外。

286. 鸦片战争

鸦片战端开，英军远渡来。

坚船封海口，利炮毁墩台。

签约南京耻，割赔香港哀。

忠魂难瞑目，庸帝且徘徊。

　　为报复虎门销烟，取得通商特权，1840年6月，英国派出舰船四十七艘、陆军四千人在海军少将懿律和商务总监义律率领下抵达南海，先封锁广州、厦门等地海口，后北上攻占浙江定海，抵达天津大沽。道光帝慑于英军威胁，允许通商和惩办林则徐，英军同意南下谈判。1841年1月，失去耐心的英军突然攻占虎门，兵临广州。后又占领香港，攻陷厦门、镇海、乍浦、吴淞、镇江等地。中国军民进行了英勇抗击，终因武器装备和战略战术落后而失利，关天培、葛云飞、陈化成等将领力战殉国。1842年8月，英舰直逼南京，清政府被迫与英方签订了《中英南京条约》，接受割让香港、五口通商、赔款二千一百万银元等条件。道光帝没有接受鸦片战争失败的教训，继续得过且过，中国步入半殖民地半封建社会。

287. 太平天国

外患内忧烈，金田义帜扬。

太平安乐世，天国大同乡。

半壁江山热，十年风雨凉。

洪杨分裂始，好景再难长。

　　鸦片战争以后，中国白银外流和劳力衰减情况更加严重，两广地区连年天灾，而清政府为支付战争赔款又加紧搜刮人民，引起强烈反抗。1850年，道光帝病死，其子奕詝即位，改年号为咸丰，是为清文宗，也称咸丰帝。是年，拜上帝会首领洪秀全在广西金田打起太平军的义旗，于1853年攻克南京，建立太平天国。咸丰帝见八旗军已弱不能战，授权曾国藩团练湘勇。太平天国以建立无处不均匀、无人不饱暖的理想社会为目标，实行人无私财原则基础上的圣库供给制度，从者甚众，疆域最广时占有全国半壁江山。由于战略失误，高层腐化，内讧不断，天朝田亩、资政新篇等纲领从未认真推行。特别是天王洪秀全与东王杨秀清的分裂，严重削弱了自身力量。在湘军和西方势力共同镇压下，天国维持十一年就覆灭了。

288. 火烧御园

修约遭清拒，列强寻衅喧。

扣船英借口，擒甫法讹言。

联手侵津穗，纵兵烧御园。

赔银加割土，四国把华飧。

　　就在清政府全力应对太平天国之时，西方列强提出要全面修改各项条约，以便攫取更大的特权和利益，遭到拒绝后又寻衅滋事。英国以曾在港英政府登记的一艘中国商船在广州被扣为由制造了"亚罗号事件"，法国以天主教神甫马赖潜入广西非法传教被擒杀为由制造了"马神甫事件"，于1856年发动第二次鸦片战争。英法联军于1857年攻陷广州，1858年侵入天津，1860年进军北京，对皇家御园圆明园等大肆抢掠并付之一炬。咸丰帝逃到热河，命恭亲王奕䜣与英法俄代表分别签订《北京条约》，作为对此前与英法俄美签订的《天津条约》及与俄签订的《瑷珲条约》的补充。这一系列不平等条约规定，中国向四国进一步开放口岸，向英法赔银二千二百万两，割让九龙给英国，割让一百多万平方公里国土给俄国。

289. 洋务运动

清衰何可治？洋务案方宣。

富国师夷后，强兵营造先。

矿山煤铁掘，工厂炮船研。

终使崩朝寿，延挨六十年。

　　第二次鸦片战争后，清朝内外交困。咸丰帝在热河行宫病死，其子载淳即位，改年号为同治，是为清穆宗，也称同治帝。同治帝即位时年仅六岁，其母慈禧太后通过政变，诛杀顾命八大臣，掌握了实权。为了阻止清朝进一步衰败，以奕䜣、李鸿章、张之洞、曾国藩、左宗棠为代表的洋务派，主张利用西方先进技术，发展营造，富国强兵，摆脱困境，师夷制夷，获得慈禧太后支持。这种改良自强的洋务运动从1861年至1894年，历时三十三年，在南北各地建设了一批煤矿、铁矿、造船厂、兵工厂等实业，一度出现了"同光中兴"，为中国近代化开辟了道路。但由于统治者不愿改变祖制，它最终成为一次失败的自救运动。西方有人认为，洋务运动使一个看来已经崩溃的王朝和文明死里求生，又延续了六十年。

290. 收复新疆

老将左宗棠，出征强塞防。

兵驱阿古柏，威慑帝俄皇。

植柳天山绿，抬棺气节昂。

伊犁复归我，行省设新疆。

同治帝只活了十九岁就病死，其四岁堂弟载湉即位，改年号为光绪，是为清德宗，又称光绪帝，朝廷实权仍掌握在慈禧太后手里。那时英国支持浩罕国阿古柏率兵侵入天山南北，俄国出兵占领伊犁，使新疆陷入被肢解的险境。李鸿章主张放弃新疆加强海防，而左宗棠则力主收复新疆加强塞防，提出"重新疆者，所以保蒙古，保蒙古者，所以卫京师"。1875年，清政府任命六十四岁的左宗棠为钦差大臣，督办新疆军务。他指挥刘锦棠、金顺、张曜三部六七万人马，采取"先北后南，缓进急战"的方针，大败阿古柏，1876年收复北疆，1877年收复南疆。他让西征大军沿途遍植"左公柳"，还命部下抬着自己的棺材随军行动，震慑了帝俄沙皇，于1878年同意归还伊犁。清政府在新疆设立行省，实现了有效管辖。

291. 马江之战

南国烽烟起，法军侵马江。

舰挨清艇首，炮对战舷窗。

李禁兵言檄，何停船动桩。

失机遭突袭，师覆震危邦。

越南是中国近邻，中越宗藩关系世代相传。第二次鸦片战争期间，法国武力侵占越南南部，后又继续向越南北部渗透，严重威胁中国南疆安全，清政府被迫向越南派出援军。1883年12月，法军进攻驻越清军，中法战争爆发。第一阶段战场在越南北部，第二阶段扩大到中国东南沿海。1884年7月，法军远东舰队司令孤拔率舰侵入闽江马尾江面，与清军福建水师近距离对峙。清政府幻想议和，李鸿章严令清军不得言战出击，福建船政大臣何如璋严禁舰船移动，致使清军失去制胜良机。8月23日，法军舰队突然开火，福建水师全军覆没，八百壮士英勇抵抗后壮烈殉国，法军远东舰队也受到重创。由于刘铭传在基隆港、冯子材在镇南关挫败了法军进攻，清政府才避免再次割地赔款，但越南完全落入法军虎口。

292. 甲午战争

东瀛狼子恶，五步噬天狂。

寻衅朝鲜土，横行黄海疆。

陆军丢要地，舰队覆汪洋。

甲午百年耻，今犹痛断肠。

日本经过1868年的明治维新，国力日盛，野心益狂，制定了攻占台湾、吞并朝鲜、进军满蒙、灭亡清朝、征亚霸世的五步战略。1894年（甲午年）2月，全罗道爆发东学党起义，清朝应朝鲜政府要求出兵镇压，由于义军与政府达成全州和议而止兵。日本军队却借机在仁川登陆，于7月23日袭击汉城王宫，控制了朝鲜政权。两天后，发动了侵略中国的甲午战争。由于慈禧太后和李鸿章幻想议和，致使清军缺乏战略谋划而仓促应战，援朝主帅叶志超指挥失误临阵脱逃，海军又因军费被挪用而实力大减，尽管邓世昌等将领英勇作战，清军还是在陆海两个战场均被日军打败，曾一度称雄亚洲的北洋水师全军覆没。清朝被迫与日本签订丧权辱国的《马关条约》，放弃朝鲜，割让台湾和辽东半岛，赔银二亿两。

293. 戊戌变法

列强瓜裂迫，光绪寝难安。

守旧前程暗，维新出路宽。

秀才雄笔握，太后大权攒。

戊戌昙花谢，瀛台泣血寒。

甲午战争后，列强加快了瓜分中国的步伐。俄国联合法德两国对日本施压，以清政府加赔白银三千万两为"赎金"，逼迫日本放弃辽东半岛永久领有权，自己却以还辽有功为名，大肆索取在中国东北的特权。面对日益严重的民族危机，光绪帝寝食难安，在朝中维新派大臣的支持下，于1898年（戊戌年）6月11日至9月21日，发动了一场变法运动。主要是学习西方，提倡科学文化，改革政治和教育制度，发展农工商业等。但维新派只是一批会写文章的秀才，掌握国家大权的是守旧派代表慈禧太后。她对变法始观望，继动摇，后镇压。结果，光绪帝被囚于瀛台，谭嗣同等六君子慷慨就义，康有为、梁启超逃亡国外，历时仅一百零三天的戊戌变法宣告失败。清政府失去最后一次自我革新机会，离崩溃已不远。

294. 八国联军

拳民成怒海，八国凑联兵。

首战陷沽卫，继攻侵北京。

行奸焚火狠，越货杀人狞。

数亿赔银索，都畿扎外营。

19世纪末，中国爆发了义和团反帝爱国运动，英勇无畏的"拳民"与列强在华势力形成尖锐对立。1900年6月，英法德俄美日意奥八国组成联军，以保卫使馆为名，攻陷大沽炮台，一路杀向北京。清政府对洋人先仇视、后妥协，对义和团始镇压、终利用。尽管义和团给侵略者以重大杀伤，但最终难敌洋枪洋炮火力，慈禧太后挟持光绪帝仓惶出逃。八国联军所到之处，杀人放火，奸淫掳掠，天津被烧毁三分之一，北京一片残墙断壁，清宫无数文物珍宝被洗劫一空。7月，俄国还在黑龙江左岸制造了震惊世界的海兰泡和江东六十四屯惨案。翌年，清政府与列强签订了《辛丑条约》，规定中国赔银四亿五千万两，北京使馆区及至山海关铁路沿线交由外国驻军，禁止组织反帝组织等，清政府由此成为列强的傀儡。

295. 革命先驱

秘结同盟会，反清谋共和。

孙文擎义帜，黄帅执干戈。

秋瑾横刀笑，邹容卧狱歌。

先驱无畏惧，革命势嵯峨。

1904年2月，日俄战争爆发，双方出动几十万大军在中国领土领海上厮杀，许多无辜同胞丧生。最终，日军击败俄军占领辽东，实际渗透东北全境。1905年8月，以孙中山为首的一批志士仁人在东京秘密成立中国同盟会，发出"驱除鞑虏，恢复中华"的宣言，走上推翻清制、建立共和的革命道路。孙中山名文，号逸仙，广东香山人，青少年时代向往太平天国革命，后来首举彻底反封建的旗帜，成为中国民主革命的伟大先行者。同盟会中，有与孙中山齐名、多次领导武装起义、被推举为大元帅、终致积劳成疾英年早逝的黄兴，有提倡女权女学、人称"鉴湖女侠"、最后从容就义的秋瑾，有自称"革命军中马前卒"、年仅二十岁就在狱中被折磨病死的著名宣传家邹容。先驱们无所畏惧，推动革命蔚成大势。

296. 辛亥风雷

辛亥起风雷，齐将腐朽摧。

武昌行首义，各省誓援追。

专制皇权倒，共和民主推。

千年新路探，革命几低回。

　　1908年11月14日，三十八岁的光绪帝暴崩，慈禧太后在指定三岁的溥仪成为新帝后死去。溥仪是光绪帝的侄子，即位后改年号为宣统，是为清宪宗，也称宣统帝。此时，列强横行中国，清廷腐朽透顶，改良已无出路，百姓怨声载道，就连传统文人也因仓促废除科举而失去仕途，唯剩下起来革命一条道路。1911年（辛亥年）10月10日，同盟会发动湖北新军举行武昌起义，改国号为中华民国，得到各省声援响应。孙中山于12月下旬回国，被十七省代表推举为临时大总统。1912年2月12日，宣统帝奉隆裕太后旨意颁布退位诏书，成为大清王朝乃至中国历史上的末代皇帝。辛亥革命推翻了中国长达两千多年的封建君主制度，使民主共和观念深入人心。新政权在多种政治势力争夺下艰难探路，低回不前。

297. 军阀窃国

枭雄袁世凯，自少敞心扉：

大野龙方蛰，中原鹿正肥。

练兵成小站，告密毁皇帏。

窃国谋称帝，流星安炳辉？

由于受到帝国主义、封建主义的强大压力与革命党本身的涣散无力，孙中山被迫于1912年2月13日将中华民国临时大总统让位于北洋军阀领袖袁世凯。袁世凯是河南项城人，少有异志，十三岁时曾制联"大野龙方蛰，中原鹿正肥"。他发迹于平定朝鲜壬午内乱，成名于小站练兵创立新军，先后投靠多名朝中实权人物，直至成为权倾朝野的内阁总理大臣。戊戌变法时，他向守旧派告密，使光绪帝和维新派陷于绝境。辛亥革命中，他先逼溥仪退位，又压孙中山辞职，窃取了国家最高权力。他镇压二次革命，于1915年改国号为中华帝国，自称洪宪皇帝。此举遭到各方反对，引发护国运动，他在做了八十三天皇帝后取消帝制，忧病而亡。他对中国近代化做出过重要贡献，但弄权称帝使其光芒如政治流星般消逝。

298. 张勋复辟

张勋图复辟，留辫督徐州。

祭孔推儒教，进京抬帝酋。

三呼迎万岁，一令激千仇。

举国齐声讨，龙旗折水流。

　　袁世凯的称帝美梦破灭了，张勋又上演了一场复辟丑剧。张勋是江西奉新人，原为清朝江南提督。他反对辛亥革命，在南京残杀民众数千人，顽抗革命军，败后退至徐州一带，所部改称武卫前军，禁剪辫子，以示效忠清王朝。他醉心于复辟清室，先后四次召开督军会议，被推举为十三省区大盟主。1916年8月，他邀已成保皇党魁的康有为大搞祭孔活动，请定儒教为国教，为复辟进行舆论准备。1917年6月，他利用北洋政府总统黎元洪与总理段祺瑞的矛盾，率五千"辫子兵"进入北京，撵走黎元洪。7月1日，他把溥仪抬出来行三叩九拜大礼，宣布复辟帝制，电令改挂黄龙旗，遭到全国声讨。段祺瑞在天津组成讨逆军，将"辫子兵"打败，张勋逃入荷兰驻华使馆。溥仪再次宣告退位，复辟仅十二天即破产。

299. 实业救国

状元张謇秀，起诏了清朝。

富仗工坚底，强凭学旺苗。

小车犹择路，独木已当桥。

实业救衰国，绩留青史骄。

　　张謇是清末状元，生于江苏南通，辛亥革命时以代清帝起草退位诏书而闻名。他主张实业救国，依据"父教育而母实业"的理念，致力于实业富国和教育强国，一生创办了二十多个工厂企业和三百七十多所学校。他用"小车犹择路，独木已当桥"形容自己势单力薄，道路艰险，但还是要继续前行，最困难时靠卖字才凑足了回乡的路费。他以"建设一新世界雏形之志"，在家乡创建了系列纺织企业和原料供应基地，创办了中国近代史上第一所师范学校、第一座民间博物馆、第一所纺织学校、第一所刺绣学校、第一所戏剧学校、第一所中国人办的盲哑学校、第一所气象站，把南通建设成不同于租界、商埠或列强领地的"中国近代第一城"。其事业在1919年进入黄金时期，后来随着内外环境恶化而衰落，在无奈中病逝。

300. 五四运动

巴黎和会横，华夏被欺裁。

青岛归狂日，同胞屈异垓。

学生初举火，工友首登台。

德赛双旗展，百年新局开。

辛亥革命后，孙中山将同盟会改组为国民党，先后领导了平均地权、兴办实业、二次革命、护法战争等运动，均告失败，国家大权仍然由新老军阀把持着。1919年1月至6月，一战胜利国在法国召开巴黎和会，重新瓜分战败国的领土和殖民地。和会不顾参战胜利国中国的反对，满足日本得到原为德国侵占的胶州湾领土财产的欲望，使欧洲战场上包括三千多死难同胞在内的十四万华工的血汗白流，引起全国各界的强烈反对。5月4日，北京高校三千多名学生代表冲破军警阻挠，打出"誓死力争，还我青岛"等口号，得到广大工人和社会各界群众的响应。五四运动是中国新民主主义革命的开端，其高举的"德先生和赛先生"即民主科学两面大旗，开创了中国政治的百年新局，中华民族的历史进入发展进步的新篇章。

跋·中华复兴

中华千古史，迭宕乃辉煌。

曾领风骚久，也经忧患长。

水连舟载覆，民系政存亡。

心聚复兴梦，大同昭远方。

中华民族五千年历史长河，奔腾迭宕，灿烂辉煌。我们的祖先创造了独特的华夏文明，曾经长期领先于世界，传承发展至今天。这中间，也发生过许多天灾人祸，朝代更迭，人民群众蒙受了深重苦难。尤其是明清以来封建统治者奉行闭关锁国政策，使经济社会发展逐渐落后于世界大势，在鸦片战争以后一百多年里，深受西方列强欺凌，内忧外患愈演愈烈。历朝历代的兴衰成败表明，水能载舟，亦能覆舟，民心向背决定政权存亡。五四运动以后，中国共产党诞生，领导中国人民经过艰苦卓绝的斗争，推翻了三座大山，建立了新中国。又经过艰难曲折的探索，开创了一条中国特色社会主义道路，取得了举世瞩目的伟大成就。只要我们世代心聚复兴梦，坚持道路不动摇，孔夫子描绘的富裕安宁的小康社会定将建成，天下为公的大同世界终有一天能够来到。

后 记

继出版组诗《世界五千年》以后，我又尝试着用律诗加短文的形式，写出了组诗《中华五千年》。

虽然《世界五千年》中包含了中国史的内容，但作为世界史的一部分，中国史在那里只能十分概略。中华民族的历史源远流长，博大精深，需要有一部专门的史诗类著作来系统描述。这就促使我再次拿起笔来，用一年多时间完成了《中华五千年》的写作。

之所用组诗的形式来写史，是因为从写《世界五千年》开始，我就摸索过多种体裁并用，以诗词大全的形式来写作，结果杂乱无章，没有特色，而且写读都很费劲，只好放弃。后来效仿古人，专攻一种体裁，以组诗的形式来表述，效果似乎好些。《世界五千年》是一组七言绝句，《中华五千年》则是一组五言律诗。

本组诗共计五言律诗302首，包括正文300首，序、跋各1首。需要说明的是，这里的序不是一般书籍的序言，而是序诗，写的是整个组诗的背景条件：盘古开天，从这里拉开历史的序幕。这里的跋也不是一般书籍的跋言，而是跋诗，写的是整个组诗的历史归结：中华复兴。类似一般书籍的序、跋内容，则分别以出版说明和后记来表述。

组诗由远至近，按时间顺序展开。大体按照上古年代（史前传说）、夏商西周（夏朝、商朝、西周）、春秋战国（东周列国）、秦汉时期（秦朝、西汉、新朝、东汉）、三国鼎立（汉末至魏蜀吴分立）、两晋两朝（西晋、东晋、五胡十六国、南朝、北朝）、隋唐五代（隋朝、唐朝、五代十国）、宋元时期（北宋、南宋、辽朝、金朝、元朝）、明至前清（明朝、清朝前期）、晚清民国（清朝后期、民国初年），区分为十章，每章诗篇数量不等。

诗歌用韵尽可能做到新旧韵通押，不能通押的则一般依平水韵，特殊情况则依中华新韵。严格遵守五律的格律规范，拗救只限于达成普遍共识的小拗小救，分歧较大的大拗大救尽可能避免。

《中华五千年》属于纪实体史诗，诗中内容以正史为依据。为了增强趣味性，也涉及一些神话和传说，在说明中均加上"传说"、"相传"一类词语加以区别。这种写法，很多历史书中都采用过。

尽管作了上述努力，但用律诗加短文的形式反映中华五千年的历史还只是初步探索，不当之处在所难免，敬请广大读者批评指正，以便将来再版时修改得更好。

在写作过程中，我以多种形式征求了有关专家、学者、同学、诗友和亲人的意见，他们的关心、理解、支持、鼓励和帮助，是我克服困难、坚持下来的重要精神力量，在此表示衷心的感谢！

本书对事件、人物的取舍、排序和描写，参考了大量历史典籍和普及读物，特别是各种版本的《中华上下五千年》。在此，向所有作者和编者一并表示衷心的感谢和崇高的敬意！

任海泉

2015年3月25日于北京

图书在版编目（CIP）数据

中华五千年 / 任海泉著. — 北京：华艺出版社，2015.9

ISBN 978-7-80252-577-1

Ⅰ. ①中… Ⅱ. ①任… Ⅲ. ①中国历史—通俗读物

Ⅳ. ①K209

中国版本图书馆CIP数据核字（2015）第231843号

中华五千年

著　　者：任海泉

出 版 人：石永奇

责任编辑：陈娜娜

装帧设计：姚　洁

出版发行：华艺出版社

社　　址：北京市海淀区北四环中路229号海泰大厦10层

电　　话：010-82885151

邮　　编：100083

电子信箱：huayip@vip.sina.com

网　　站：www.huayicbs.com

印　　刷：北京润田金辉印刷有限公司

开　　本：1/32

字　　数：200千字

印　　张：11.125

版　　次：2015年11月第1版第1次印刷

书　　号：ISBN 978-7-80252-577-1

定　　价：45.00元

华艺版图书，版权所有，侵权必究。

华艺版图书，印装错误可随时退换。